广西首批高端智库建设培育单位研究成果
广西壮族自治区农业科学院基本科研业务专项项目

U0686589

广西

乡村振兴报告 2022

GUANGXI XIANGCUN ZHENXING BAOGAO 2022

广西壮族自治区农业科学院
广西乡村振兴战略研究院   编著
广西乡村振兴战略研究会

中国农业出版社
北　京

图书在版编目（CIP）数据

广西乡村振兴报告 . 2022 / 广西壮族自治区农业科学院，广西乡村振兴战略研究院，广西乡村振兴战略研究会编著 . —北京：中国农业出版社，2022.8

ISBN 978-7-109-29744-9

Ⅰ.①广… Ⅱ.①广… ②广… ③广… Ⅲ.①农村－社会主义建设－研究报告－广西－2022 Ⅳ.①F327.67

中国版本图书馆 CIP 数据核字（2022）第 129321 号

中国农业出版社出版

地址：北京市朝阳区麦子店街 18 号楼

邮编：100125

责任编辑：潘洪洋

版式设计：杜　然　责任校对：沙凯霖

印刷：北京中兴印刷有限公司

版次：2022 年 8 月第 1 版

印次：2022 年 8 月北京第 1 次印刷

发行：新华书店北京发行所

开本：700mm×1000mm　1/16

印张：10

字数：115 千字

定价：68.00 元

本 书 编 委 会

　　习近平总书记高度重视乡村产业振兴，把产业发展作为巩固拓展脱贫攻坚成果、促进实现共同富裕的关键举措，并一直关心、关注广西现代特色农业发展，在 2017 年和 2021 年两次视察时都对广西农业作出了重要指示，为广西农业发展指明了方向。2017 年 4 月，习近平总书记视察广西时，将"扎实推进现代特色农业建设"上升到对广西的"五个扎实"新要求的战略高度；2021 年 4 月，习近平总书记在广西考察调研时强调，全面推进乡村振兴，要立足特色资源，坚持科技兴农，因地制宜发展乡村旅游、休闲农业等新产业新业态，贯通产加销，融合农文旅，推动乡村产业发展壮大，让农民更多分享产业增值收益。2022 年中央 1 号文件《中共中央　国务院关于做好 2022 年全面推进乡村振兴重点工作的意见》，立足百年变局和世纪疫情交织叠加以及外部环境更趋复杂和不确定的大背景，对聚焦产业促进乡村发展等重点工作进行了部署，为推动乡村产业振兴和农业的现代化进程健全了顶层设计。"十四五"是全面建成小康社会后的第一个五年规划期，是以高质量发展为主题加快推进农业农村现代化的关键时期，广西作为农业大省区，对农业的现代化发展进行全新定位、战略谋划、再次出发，努力走出一条聚焦产业振兴、促进乡村振兴的加快推进现代特色农业强区建设之路，具有深远的现实意义。

《广西乡村振兴报告2022》是广西壮族自治区农业科学院、广西乡村振兴战略研究院、广西乡村振兴战略研究会组织实施和重点推出的"乡村振兴蓝皮书系列"项目，也是广西首批高端智库建设培育单位研究成果和广西壮族自治区农业科学院基本科研业务专项项目（桂农科2021YT084）研究成果，由综合篇、专题篇和典型篇三个大部分组成，旨在通过最新研究成果的交流，为广西经济社会发展以及全面推进乡村振兴提供助力和支撑。

本书在编著过程中，得到了广西特色新型智库联盟的指导与支持，汇集了广西壮族自治区农业科学院、广西乡村振兴战略研究院、广西乡村振兴战略研究会以及广西壮族自治区决策咨询委员会办公室、中共广西壮族自治区委员会农村工作领导小组办公室、广西壮族自治区农业农村厅、广西农业职业技术大学、广西水产畜牧学校等单位部门、智库机构和院校的专家学者共同参与。本书的顺利完成与有关部门、专家学者以及各界有识之士的大力支持密不可分，在此特别致以衷心的感谢。由于时间仓促、水平有限以及资料收集难度较大，书中难免存在疏漏和不足之处，恳请广大读者提出宝贵意见。

本书编委会

2021年11月20日

Contents **目 录**

Ⅲ 典型篇

I 综合篇

广西乡村振兴报告2022

广西加快推进现代特色农业强区建设的现状分析与对策建议

一、广西加快推进现代特色农业强区建设的背景意义

（一）加快推进现代特色农业强区建设，是贯彻落实习近平总书记重要指示批示精神的具体行动

党的十八大以来，习近平总书记对广西发展高度重视、亲切关怀，多次对广西"三农"工作和乡村振兴事业作出重要指示批示。2017 年，习近平总书记视察广西时强调，要扎实推进现代特色农业建设，让农业成为有奔头的产业，让农民成为体面的职业，让农村成为安居乐业的美丽家园。2021 年，习近平总书记在广西考察调研时，提出新发展阶段广西"闯出新路子、展现新作为、迈出新步伐、彰显新担当"的"四个新"总要求，强调立足广西林果蔬畜糖等特色资源打造一批特色农业产业集群。农业在广西国民经济发展中一直发挥着"压舱石"的作用，在新发展阶段加快推进现代特色农业强区建设，是遵循习近平总书记赋予广西发展"五个扎实"新要求和"四个新"总要求的具体行动。

（二）加快推进现代特色农业强区建设，是实现"十四五"时期广西高质量发展的路径明确

《广西壮族自治区国民经济和社会发展第十四个五年规划和2035 年远景目标纲要》在部署推动产业振兴时，把加快建设现代特色农业强区与加快建设西部制造强区、海洋强区、生态经济强区、文化旅游强区、现代物流强区一并提出，进一步明确了农业在广西高质量发展中的重要地位。加快推进现代特色农业强区建设，切中了广西现代特色农业发展和农业现代化进程的精要之处，明确了广西在全国农业发展大格局中要进一步走好特色农业发展路子，是对广西实现高质量发展在农业领域的路径明确。

（三）加快推进现代特色农业强区建设，是谱写建设新时代中国特色社会主义壮美广西新篇章的任务要求

习近平总书记在广西壮族自治区成立 60 周年之际为广西题词"建设壮美广西 共圆复兴梦想"，为广西构建了全新的发展战略，作出了精准指导。广西作为农业大省区，在建设新时代中国特色社会主义壮美广西过程中，农业壮美则广西壮美，农业振兴则广西振兴，农业现代化与新型工业化、信息化、城镇化同步推进、同期实现才是全面实现现代化。加快推进现代特色农业强区建设，其根本目的就是要更好地、更高水平地实现农业现代化和乡村振兴，其发展内涵体现和实践了建设新时代中国特色社会主义壮美广西的任务要求。

二、广西加快推进现代特色农业强区建设的现状分析

农业在广西经济中的战略地位十分重要，在整个国民经济三次

产业中是唯一保持在全国前列的产业构成，对广西经济在"十三五"时期平稳实现保持中高速增长和迈向中高端水平的转型，确保广西经济稳中向好、长期向好，发挥了"压舱石"的突出作用，长期显现出农业大省区的良好发展基础和综合优势条件。

（一）"十三五"时期广西扎实推进现代特色农业建设的发展积累：取得"六个新"的显著成效

"十三五"以来，广西全面贯彻习近平新时代中国特色社会主义思想，贯彻落实"五个扎实"新要求，扎实推进现代特色农业建设，实现了"六个新"的显著成效，为"十四五"开启农业现代化新征程以及加快推进现代特色农业强区建设，积累了厚实条件，打牢了坚实基础。

1. 优势特色产业体系实现新提升。一是优势产业加快向优势区域集聚，中国特色农产品优势区连续三年新增数量和累计总数双双排在全国第1位。蔗糖、果蔬、畜牧、渔业等上下游产业由非优势生产区域向优势生产区域集中，由点状、散状向带状、块状聚集，集中度大幅提高，小散乱局面基本扭转；2017年开始遴选打造中国特色农产品优势区以来，全区累计争创18个，2018—2020年更是每年新增创建5个。二是农业产业结构调整加快推进，初步打造形成千百亿元农业产业集群。粮食、蔗糖、水果、蔬菜、渔业、优质家畜等6个产业的产值达千亿元左右，蚕桑、中药材、油茶、优质家禽等4个产业产值达500亿元左右，休闲农业发展成为超300亿元产业，食用菌发展成为200亿元左右产业，茶叶发展成为超100亿元产业，三黄鸡、罗汉果两个产业成功入围国家优势特色产业集群创建名单，基本形成了大省区有大产业的大格局。三是大宗产品综合生产能力持续提升，多个传统产业的优势地位进一步突显。坚持藏粮于地、藏粮于技战略，划定粮食生产功能区 1 675 万亩*、糖料蔗生产保护区 1 152 万亩，建设"双高"糖料蔗基地 500 万亩，设施种植、设施畜禽养殖和设施水产养殖等现代高效设施农业加快发展，粮食等重要农产品供给能力明显提升，其中蔗糖产量占全国的六成以上、蚕茧产量占全国的 45.5% 以上和约占全世界的 40%、茉莉花产量与花茶产量占全国的 80% 以上和约占全世界的 60% 以上。四是农业产业化水平大幅提升，新型农业经营主体蓬勃发展。通过加大政策扶持、金融支持、农村改革力度和提高人才保障、社会化服务水平等措施，全区各类新型农业经营主体发展到 2019 年的农民合作社 5.96 万家、家庭农场 2.98 万家，产业化联合体发展到 59 个（表 1），创建了全国首家"现代青年农场主学院"、首家"农业经理人学院"，涌现了全国十佳农民赖园园等一批优秀高素质农民，部分高素质农民逐步向农业产业工人转变。

表 1　广西新型农业经营主体发展情况（2019 年）

类型	数量
国家级农业龙头企业	38 家
自治区级农业龙头企业	238 家
农民合作社	5.96 万家
家庭农场	2.98 万家
产业化联合体	59 个
高素质农民	10.34 万人
现代青年农场主	超 1 800 人
农业经理人	超 700 人

2. 一二三产业融合发展达到新水平。一是大力实施农产品加

---

*　亩为非法定计量单位，1 亩＝1/15 公顷。——编者注

工业提升行动，截至"十三五"期末，全区建成自治区、市、县三级农产品加工集聚区120个，规模以上农产品加工企业达1 900多家，基本形成市市有特色加工集聚区、县县有规模以上加工企业、每个优势特色产业有加工龙头企业带动的发展格局，初步形成以崇左、来宾等为重点的蔗糖加工集聚区和北部湾粮油加工聚集区，以及桂北果蔬、桂中南现代中药、桂东南畜禽产品、桂南水产品、桂西南香料、桂东南和桂西北林产品等特色农产品加工产业带；2019年，全区主要农产品初加工转化率提高到57%，年销售额亿元以上规模农产品加工企业365家，农产品加工业总产值达8 000亿元。二是大规模推进农产品仓储保鲜冷链设施项目建设，扶持45个县（市、区），实施430个项目，建设827个设施。三是加快推进农业与互联网、大数据、信息化融合发展，实施广西"互联网＋"农产品出村进城工程，推进全产业链大数据项目建设，"十三五"期间广西农村网络销售额年均增长19.5%、农产品网络销售额年均增长28.9%，广西信息进村入户建设水平跃升到全国第1名，在2020年9月中国电子信息产业发展研究院评估发布的《2020中国数字经济发展指数（DEDI）》报告中广西农业数字化水平排名全国第5位。四是加快推进农旅、农文、农教和产村融合发展，截至2020年11月，全区累计打造263个自治区级休闲农业和乡村旅游示范点、14个县获评国家级休闲农业和乡村旅游示范县、41个村获评中国美丽休闲乡村，2020年预计全年休闲农业接待游客超过1.2亿人次、产业总收入超过400亿元、从业人员超过60万人、带动农户数超过50万户。

3. 农产品品牌打造迈出新步伐。一是创新推出"广西好嘢"农产品品牌总标识，截至"十三五"期末，全区累计发布三批"广西好嘢"名录共285个，其中11个品牌荣登首批中国农产品区域公用品牌，"广西好嘢"品牌总产值 1 065.7 亿元、品牌总价值超过 2 500 亿元，打造了柳州螺蛳粉、百色芒果、梧州六堡茶等一批享誉全国的知名品牌。二是创新与粤港澳大湾区的深圳市共建打造"圳品"精品品牌，与深圳市签订《广西供应深圳农产品示范基地创建战略合作协议》，共同打造广西供深农产品示范基地，截至2020 年 11 月，共有 11 家企业的 28 个广西产品获评"圳品"。三是大力发展富硒农业和绿色、有机、地理标志农产品认证，截至2020 年 11 月，全区累计认定富硒农产品 413 个，创建富硒农产品品牌达 198 个，其中 29 个被评为"中国名优硒产品"；2019 年，全区有效期内的绿色食品、有机农产品、无公害农产品和农产品地理标志总数达 2 225 个（表 2）、总面积达 2 444 万亩、总产量达2 260万吨，获认证品种包括大米、白砂糖、水果、蔬菜、茶叶等产品，其中农产品地理标志登记保护总数达 147 个、排在全国前 5名。四是大力讲好农业品牌文化故事，开展农业品牌央视宣传推介、书记县长说农业品牌等活动，启动实施广西农业品牌达人培养计划，促进广西农业品牌知名度和影响力进一步提升。

表 2　广西绿色、有机、无公害、地理标志产品发展情况（2019 年）

类型	数量
绿色食品	431 个
有机农产品	141 个
无公害农产品	1 506 个
农产品地理标志	147 个

4. 现代农业示范园区创建取得新成效。一方面，建设广西现代特色农业示范区实现增点扩面提质升级。截至 2020 年 11 月，全区共认定示范区（园、点）13 851 个，其中自治区级核心示范区

339 个、县级示范区 726 个、乡级示范园 2 558 个、村级示范点 10 228 个，累计投入财政资金 250 多亿元，吸引社会资金 690 多亿元，实现经营总收入 1 470 多亿元、旅游总消费 70 多亿元，带动务工人数约 60 万人，人年均务工收入 8 946 元，带动贫困户超过 28 万户、户均增收达 1 890 元。另一方面，创建国家级现代农业示范平台成果喜人。截至 2020 年 11 月，在核心示范区建设基础上升级打造了一批现代农业产业园、特色农产品优势区、农业产业强镇等国家级产业平台，累计获批创建 4 个国家级现代农业产业园、其中 3 个已通过认定，累计获批 18 个中国特色农产品优势区、总数排在全国第 1 位，累计获批建设 27 个国家农业产业强镇，2 个镇入围 2020 年全国乡村特色产业十亿元镇、入围数量与四川省并列西南地区第 1 位，还有 6 个村入围 2020 年全国乡村特色产业亿元镇。

5. 质量兴农绿色兴农实现新发展。农业科技创新水平、农业机械化水平、农产品质量安全水平、绿色生产水平、农业基础设施建设水平等不断提升，现代特色农业高质量发展根基进一步扎牢。2019 年，全区农业科技进步贡献率达 48.7%，良种覆盖率达 95% 以上，建设 20 个国家现代农业产业技术体系广西创新团队、专家总数达 1 539 名；全区农业机械总动力达 3 840 万千瓦、排在全国第 11 位，主要农作物耕种收综合机械化率达 63.03%；全区畜禽粪污综合利用率均达到 83% 以上，秸秆综合利用率达 81.5%，测土配方施肥技术推广面积 4 622 万亩次、节本增收 30.1 亿元，农业绿色防控技术应用面积 4 800 万亩次、节省农药 250 吨（折百），节水农业推广应用 1 733.5 万亩、节水 7.3 亿立方米，实现肥药施用"双减"、质量效益"双增"；全区农产品质量安全抽检合格率达 99.95%，组织农产品质量安全监测 80 万余批次，畜禽规模养殖场生态养殖比重达 86.5%，农产品质量安全水平持续稳定向好。大力推进高标准农田建设，截至2019年末，全区共建成2 810万亩、排在全国第15位，超额完成国家下达给广西的2 725万亩任务目标，其中在国家2019年度高标准农田建设激励评价中广西排全国第13名。

6. 产业扶贫精准脱贫奠定新基础。"十三五"期间，广西把产业扶贫作为扎实推进现代特色农业建设的重要方面，以产业扶贫补齐全区现代特色农业发展的贫困地区短板，为加快农业全域高质量发展、推进现代特色农业强区建设奠定了坚实基础。创新发展了县级"5＋2"、村级"3＋1"特色扶贫产业，构建形成了"县有扶贫支柱产业、村有扶贫主导产业、户有增收致富产业"的扶贫产业体系，对全区现代特色农业产业体系形成了有效补充；县级"5＋2"、村级"3＋1"特色扶贫产业的做法获评全国产业扶贫十大机制创新典型第一名，广西还有6个产业扶贫典型案例入选全国百个案例、入选数量居全国第一。截至2020年9月底，全区县级"5＋2"特色产业覆盖率达96.5％，贫困村"3＋1"特色产业覆盖率超90％；在县级"5＋2"、村级"3＋1"特色扶贫产业的发展支撑下，全区现代特色农业产业（含其他产业）覆盖率达到98.82％，高于全国92％的平均水平。

（二）广西推进现代特色农业强区建设的有利条件：有着多重的优势叠加

从现代特色农业发展的内外部条件看，广西加快推进现代特色农业强区建设，有着"四大一稳四优"多重的优势叠加。

1. 农业经济总量大。"十三五"期间，广西第一产业增加值保持排在全国前10位，第一产业增加值占GDP比例稳居全国前3位。其中，第一产业增加值由"十二五"期末（2015年）的2 565.5

亿元增加到"十三五"期末（2020 年）的 3 555.82 亿元、增长了
38.58％，农林牧渔业总产值由 2015 年的 4 197.1 亿元增加到 2020
年的 5 913.3 亿元、增长了 40.89％。"十三五"期间，广西第一产
业增加值和农林牧渔业总产值的总体增长幅度在全国第一产业增加
值前十省区中均排在第 1 位。

2. 农业对经济增长贡献率大。"十三五"期间，广西第一产业
对经济增长贡献率分别为 2016 年 7.38％、2017 年 9.44％、2018
年 12.36％和 2019 年 14.94％，从纵向看呈逐年提高趋势且 2019
年贡献率比 2016 年提高了一倍，从横向看在全国第一产业增加值
前十省区中稳居前 2 位、其中 2019 年排在第 1 位，在经济下行压
力加大的情况下对稳定经济增长的作用越来越凸显。

3. 农业对 GDP 增长拉动大。"十三五"期间，广西第一产业
对 GDP 增长拉动分别为 2016 年的 0.54、2017 年的 0.67、2018 年
的 0.84 和 2019 年的 0.90，从纵向看呈逐年增强趋势，从横向看
在全国第一产业增加值前十省区中稳居前 2 位、其中 2018 年和
2019 年连续排在第 1 位，农业对 GDP 增长保持着有力且持续的拉
动且拉动作用最明显。

4. 农业产业规模大。"十三五"期间，广西重点打造形成了粮
食、蔗糖、水果、蔬菜、渔业、优质家畜、蚕桑、中药材、油茶、
优质家禽、休闲农业、食用菌、茶叶等 13 个千百亿元产业；其中，
园林水果产量登顶全国，蔬菜面积首次超过山东省、跃居全国前 2
位，茶叶产量进入全国前 10 位。2020 年，在全国主要农产品中，
广西甘蔗、蚕茧、园林水果、木材产量排在全国第 1 位，蔬菜面
积、竹材产量排在全国第 2 位，油茶籽产量排在全国第 3 位，家禽
出栏量、海水产品产量、水产品总产量、肉类总产量、肉猪出栏数
量、茶叶产量、麻类产量等排在全国前 10 位；其中，甘蔗产量、

蚕茧产量、木材产量分别占全国总产量的 68.6%、47.8%、35.1%。

5. 农业增速稳。"十三五"期间，广西第一产业增加值增速分别为 3.4%、4.2%、5.5%、5.6%、5.0%，农林牧渔业总产值增速分别为 3.3%、4.4%、5.6%、4.8%、5.0%；其中，2018 年以来第一产业增加值均达到了 5.0% 以上的相对较高增速，且 2019 年增速达到 5.6%，为 2013 年以来的最高增速（图 1）。相较于广西二产、三产的增速，广西农业增速曲线更加平稳，对广西经济高质量发展形成的促进更加稳定，现代特色农业实现高质量发展的内在支撑较足。

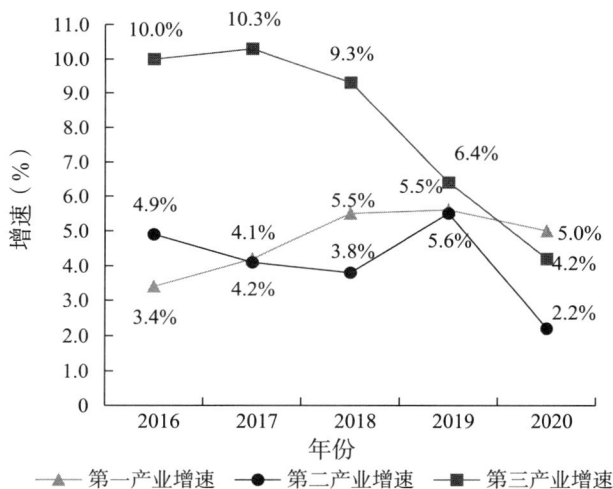

图 1　"十三五"以来广西一二三产业增加值的增速曲线

6. 自然条件优。广西发展现代特色农业有着优越的自然条件，温、光、热、水资源配合配比十分有利于农业生产，是热量丰富、降水丰沛、日照适中、四季宜耕、一年多熟的农业产区和宜农、宜林、宜牧、宜渔的农业综合发展地区，还具备生物多样性丰富、生态系统产出率较高、农业本身生物量较大、富硒土壤面积大且集中连片等资源禀赋。优越的自然条件孕育了特色突出的广西农业，特别是为水果、蔬菜、林业、甘蔗等产业发展壮大成为全国性大产业提供了有利基础。

7. 乡村生态优。 习近平总书记指出，广西生态优势金不换。广西有着乡村生态优势，森林资源分布广、类型多样，乡村生态景观丰富、康养条件充足，特别是近年来持续大力推进"美丽广西"乡村建设系列活动、农村人居环境整治和乡村风貌提升三年行动等，进一步提升了广西乡村的生态宜居水平，丰富了广西乡村生态休闲旅游资源，拓展了广西农业多功能空间。"山清水秀生态美"的环境条件，为广西构建绿色生态产业链、打造长寿康养经济提供了良好基础，为新发展阶段、新发展格局下推进广西由农业大省区向现代特色农业强区迈进积攒了优厚"生态本钱""生态家底"和巨大"生态红利"。

8. 乡村文化优。 广西乡村文化丰富多彩、极具特色，既有 12 个世居民族的民族文化体系，也有独特绚丽农耕文明的农业文化传承，还有 283 个中国传统村落和一大批中国少数民族特色村寨、中国历史文化名镇名村等特色村居群落。乡村文化形式的多元化、文化产品的多样性，让广西在推进现代特色农业强区建设时更有内涵，为广西在推进农业高质量发展时延长农文旅融合链条、创新农文旅融合业态、拓展农文旅融合功能创造了优势条件。

9. 开放发展区位优。 广西集沿海、沿边、沿江、沿通道于一身，紧邻粤港澳大湾区，地处中国-东盟自贸区桥头堡，是"一带一路"有机衔接的重要门户，是西部陆海新通道的陆海交汇门户，在全国开放开发大格局中良性互动东中西的重要战略支点优势越来越凸显。广西有边境口岸 12 个、边民互市贸易点 25 个，建立了一批高层次、高水平的对外开放平台，2020 年上半年广西口岸进出口整体通关时间排在全国各省（区、市）的第1位。随着广西在全国开放发展格局中战略地位进一步提升、开放发展平台进一步升级，开放发展的独特区位优势将有助于广西农业融入国内国际双循环新发展格局，加快培育形成农业竞争新优势。

（三）广西加快推进现代特色农业强区建设的主要挑战

虽然"十三五"期间，广西扎实推进现代特色农业建设成效显著，但要从大省区向强区进一步发展前进，仍然面临许多新挑战。

1. 农产品供给结构不优，农产品品牌优势还没有真正形成。农业发展方式、产业结构亟待根据需求升级优化调整，以高端优质为主的农产品供给能力和以品牌为主的农业综合竞争力亟待进一步提升。具体表现为重产量、重规模而不够重视品种、品质、品牌建设的发展方式仍然存在，生产与消费、产品与市场的衔接不够充分，农产品供给结构不优，农业品牌运用能力较弱，有机、绿色、地理标志农产品占比不大，优质、高端、品牌农产品供给不足，"路边摊""麻袋型"农产品还较普遍，缺少在全国叫得响、能影响市场定价的品牌，全区只有百色芒果、南宁香蕉、平南石硖龙眼、融安金桔、灵山荔枝、富川脐橙、阳朔金桔、荔浦芋、钦州大蚝、横县茉莉花茶、永福罗汉果11个品牌入围中国农业品牌目录2019农产品区域公用品牌名单，特色农产品还没有从产品本身的"特"转化为市场竞争的"特"，生态绿色农产品还没有转化形成供给优势、市场优势，优势特色产业尚未成为在全国有较大影响力和竞争力的战略性支柱产业。

2. 产业融合发展链条不长，优势特色产业增值收益还没有充分显现。农村一二三产业融合发展程度不深、效益不高、增值不足，农业向二产、三产延伸融合的全产业链打造还有待不断加强和提升，在产业链增值收益上还有很大的空间潜力。一是农产品加工增值在全国竞争中滞后，"十三五"期末，广西农产品加工业与农业总产值比值约为 1.5：1，主要农产品加工转化率为 57％，低于全国 2.2：1 和 65％ 的平均水平，在全国第一产业增加值排名前十的第一方阵农业大省区中排名靠后，具体表现为农产品初加工能力偏弱和精深加工产品较少，产地清洗、分级、保鲜、包装、储藏等产地初加工设施建设滞后、技术较为落后，产地采后处理损失率较高，果蔬、畜禽、水产品等大产业的深加工率不足 10％。二是休闲农业与乡村旅游潜能和优势尚未充分挖掘，急需丰富产品业态、打造精品工程、加快提档升级。三是农业电子商务、数字农业等新产业新业态规模还比较小，"互联网＋"与现代农业深度融合发展水平不高，线上线下融合的销售平台和营销渠道亟待进一步做大做强。

3. 农业供给侧结构性改革各项支撑不强，现代特色农业增长增效能力还没有根本性提升。 一是农业龙头企业和新型农业经营主体综合实力仍然较弱，"十三五"期末，国家级农业产业化龙头企业较少、全区仅 38 家，农民合作社、家庭农场虽然分别大幅增加到 5.96 万家、2.98 万家，但与全国做得最好的山东、河南等省达到 20 万家以上的发展程度相比仍有很大差距。二是农业生产基础设施仍然相对薄弱，农业长期投入不足造成的历史欠账仍未填平，全区 6 600 多万亩耕地中，"十三五"期末农田有效灌溉面积仅 2 000万亩左右，高标准农田 2 810 万亩、仅占 32％，生产性基础设施和防灾抗灾能力的支撑不足，使得农业靠天吃饭的局面尚未根本性改变。三是科技创新驱动力有限，2019 年广西农业科技进步贡献率只有 48.7％，低于全国平均水平 10 个百分点，是第一产业增加值排在全国前 10 位的省区中农业科技进步贡献率最低的省区。四是绿色生产方式普及率不高，农业资源环境"硬约束"加剧，2020 年广西农用化肥施用量达 247.9 万吨、高居全国第 8 位，畜禽生态养殖、农业废弃物和粪污资源化处理、化肥农药减量增效、病虫害绿色防控等在规模、力度、成效方面仍然还有极大的提升空间。

4. 现代特色农业质量效益不高，与全国农业先进地区相比还有一定差距。从实施农业产业"339 工程"到推进现代特色农业产业"10＋3"行动，经过多年的持续打造，广西形成了一批优势特色产业。但放到全国找位置、找差距，广西现代特色农业产业的总体质量效益不高，与全国农业先进地区相比还有一定差距，抵御自然风险和市场风险能力还不足。如粮食产业在"十三五"期间面积和产量均呈现下调趋势，在全国的排位也由 2015 年的第 15 位降至 2020 年的第 17 位；生猪产业受非洲猪瘟疫情和新冠肺炎疫情"双重打击"，恢复产能难度不小，肉猪出栏量在全国的排位也由 2015 年的第 7 位降至 2020 年的第 9 位；蚕桑产业方面桑园面积、蚕茧产量、蚕种饲养量、亩桑产茧量、蚕农售茧收入等稳居全国第一，但产业产值大部分集中于蚕茧销售收入环节，蚕桑精深加工产品与江苏、浙江、广东等省相比生产技术落后、市场竞争力有限；林下经济 2019 年总面积达到 6 423 万亩、产值 1 144 亿元，面积是江西省（3 934 万亩）的 1.63 倍，但产值仅是江西省（2 034 亿元）的 56％。

三、广西加快推进现代特色农业强区建设的对策建议

加快推进现代特色农业强区建设，要深入学习贯彻习近平总书记关于"三农"工作的重要论述和对广西工作系列重要指示精神，

坚持农业农村优先发展，以实施乡村振兴战略为统揽，以加快农业农村现代化为目标，以实现农业高质量发展为主题，以特色农业规模化、优质化、品牌化为抓手，以强龙头、补链条、聚集群、抓创新、育品牌、拓市场、推动产业优化升级为主线，加快推进广西现代特色农业强区建设，引领乡村全面振兴，谱写建设新时代中国特色社会主义壮美广西的"三农"新篇章。

（一）持续加强党的领导，为加快推进现代特色农业强区建设提供坚强保障

习近平总书记强调，办好农村的事情，实现乡村振兴，关键在党。要持续加强党对农村工作的全面领导，提高各级党委在实施乡村振兴战略中把方向、谋大局、定政策、促改革的能力和定力，切实把加快推进广西现代特色农业强区建设摆在实施乡村振兴战略的重要位置，谋定规划，制定方案，精心组织，狠抓落实，不断健全工作推进机制，把稳广西乡村产业振兴"方向盘"。

1. 完善体制机制。 各级党委、政府必须把解决好"三农"问题作为全局工作的重中之重，真正把农业农村优先发展原则体现到各个方面。结合深化党政机构改革，进一步健全完善各级党委农业农村领导体制机制，健全党委统一领导、政府负责、党委农村工作部门统筹协调的党领导农村工作的组织体系、制度体系和工作体系。

2. 强化队伍建设。 加快实现广西现代特色农业强区建设，迫切需要选配一批懂农业、爱农村、爱农民的干部充实到乡村振兴系统中，建设一支政治过硬、本领过硬、作风过硬的农业农村干部队伍。各级各部门要坚持正向引领、落实保障、强化培训，把到农村一线锻炼作为培养干部的重要途径，注重提拔使用实绩优秀的基层

干部，形成人才向农村基层一线流动的用人导向。关心关爱农村基层干部，让干部工作有责任、待遇有保障、干好有激励，为广西加快实现农业强区提供稳固、坚强的人才支撑。

3. 压实工作责任。建立推进广西现代特色农业强区建设领导责任制，党政一把手为第一责任人，五级书记靠前抓，下大力气抓好现代特色优势农业产业工作。树立全区上下"一盘棋""一张图"理念，聚焦乡村产业振兴实施的路线图、时间表、任务书，聚焦林果蔬畜糖等特色资源，不断压实细化任务责任，在工作推进上相互衔接、上下联动、集中突破。

（二）持续推动特色产业发展，加快形成一批在全国有影响的优势产业

深挖产业潜力和市场需求，按照产业集中、区域集聚、经营集约的发展模式，加强全产业链环节深耕细作和上下游产业融合发展，促进生产、加工、销售各个环节增值，打造形成广西现代特色农业产业新体系。

1. 打造千亿级现代特色农业产业集群。深度挖掘产业潜力，把准市场需求，大力推进农业产业集群提升发展，推动优势特色产业向大产业集群集聚升级，积极营造要素有效集聚、资源高度集约的乡村产业生态，重点打造粮食、蔗糖、水果、蔬菜、渔业、优质家畜等一批超 1 000 亿元的现代特色农业产业集群。

2. 打造千亿级乡村产业园区集群。推进现代特色农业示范区、"三园一体"、农产品加工集聚区等各类乡村产业园区升级发展，将产业园区作为全产业链升级、三产融合发展的载体以及承接工商资本入乡和城乡要素集聚的重要载体，大力提升乡村产业的现代设施、装备、信息、技术、管理水平，重点打造农产品加工集聚区、

乡村旅游示范区、大健康产业园、田园综合体等一批超 1 000 亿元的乡村产业园区集群。

3. 打造千亿级"桂"字号农产品品牌集群。按照"内优品质、外塑品牌"的发展战略，实施"桂"字号农产品品牌计划，持续实施"广西好嘢"和"桂品出乡"农产品品牌培育工程，推进广西的优势特色农产品以统一标识和整体推广的形式面向市场、占领市场，重点打造"桂"字号果、"桂"字号茶、"桂"字号粉、"桂"字号"菜篮子"基地等一批超 1 000 亿元的"桂"字号农产品品牌集群。

（三）实施现代农业科技创新行动，增强现代特色农业强区建设技术支撑

习近平总书记指出，中国现代化离不开农业现代化，农业现代化关键在科技、在人才。广西要继续坚持把发展农业科技放在更加突出的位置，致力于"给农业现代化插上科技的翅膀"。

1. 持续实施国家首席科学家（院士）科技支撑农业高质量发展行动。人才是科技创新的基础，针对广西农业领域急需具有广阔视野的农业科技人才和高层次人才的问题，持续开展院士及首席科学家进广西助推乡村振兴活动，设立院士工作站。

2. 深入实施优质种业提升工程。不断加大良种攻关和加工型品种引进培育力度，培育一批在全国领先甚至世界领先的现代品种，集中力量打造一批种业创新核心基地，扶持培育一批"育繁推"一体化种业企业和"桂系"品种。

3. 推进科技与产业化深度融合。增强科技成果转化应用能力，把科技贯穿于全产业链各环节，深入实施"互联网＋"现代农业工程，在农业领域推广应用物联网、大数据、云计算、移动互联等现

代信息技术。

（四）实施三产融合发展行动，优化现代特色农业强区建设生产组织

农业的"三产融合"，是将农业生产、农产品加工业、农产品市场服务业深度融合，能有效推动农业全环节升级、全链条增值。着力在全区打造一系列产业融合发展平台促进优化生产，更好延伸农业价值链和效益链。

1. 推进现代特色农业示范区高质量建设。"十四五"期间，按照"总量做大、品质做优、效益做好、品牌做响、增收做实"的发展思路，继续推进现代特色农业示范区建设，每年建成 60 个以上自治区级现代特色农业示范区，到 2025 年共建成 300 个以上自治区级现代特色农业示范区，把广西现代特色农业示范区高质量打造成乡村振兴的样板区、产业兴旺的引领区、经营主体的集聚区、改革创新的集成区、农村三产的融合区、助农增收的典范区、农业农村现代化的先行区。

2. 争创国家现代农业产业园区。在现代特色农业示范区建设的基础上，抓住国家创建各类农业园区政策机遇，积极争创国家现代农业产业园、田园综合体，打造更多国家特色农产品优势区、农业产业强镇。建成以国家级园区为龙头、自治区园区为骨干、市县乡村级园区为基础的梯次推进体系。

3. 培育新型农业经营主体。实施农业龙头企业成长计划，构建起体系完善的农业龙头企业梯队，不断发挥龙头企业辐射带动能力，各地各部门要按照扶优、扶大、扶强的原则，全面深入实施农业龙头企业成长计划，努力打造一批集原料基地建设、仓储物流、连锁经营、休闲旅游于一体的大集团、大企业。

（五）实施品牌强农行动，提升特色农业品市场竞争力

高品质、有口碑的农业"金字招牌"是现代特色农业发展的"助推器"，要通过大力实施品牌强农行动，不断塑强品牌，进一步促进产销对接。

1. 擦亮"广西好嘢"品牌。继续充分发挥"山清水秀生态美"、长寿之乡数量排名全国第一等优势，擦亮"广西好嘢"总标识，建立农业品牌目录制度，全面提升广西农产品整体品牌在全国的知名度和影响力，扭转产值在区内但利润在区外的现状。

2. 搭建系列展销平台。持续办好中国-东盟博览会农业系列活动，积极开展"央企名企助力乡村振兴农业项目大投资广西行"等活动，各地可根据当地实际情况，积极组织参加、开展系列展销活动，宣传推介广西的名特优农产品，吸引更多知名企业到广西投资兴业。

3. 创新"互联网＋"电商营销模式。持续组织开展广西新农人电商达人大赛、农业品牌推介达人授牌活动，发挥已培育的融安青年农场主赖园园、灵山"巧妇九妹"、永福"拼姑娘"、田东"农派三叔"等一批电商网络营销能人的影响力和带动力，助力广西农产品销售，带领群众脱贫致富。大力发展农村电商，培育一批网络营销师，加快推进农产品生产、销售线上线下融合发展。

Ⅱ 专题篇

广西乡村振兴报告2022

"小产品大产业"助力乡村振兴

习近平总书记十分关心广西特色农业发展,对发展产业巩固脱贫、促进增收寄予厚望。2017年4月视察广西时提出"扎实推进现代特色农业建设",2021年4月再次视察广西时强调"立足广西林果蔬畜糖等特色资源,打造一批特色农业产业集群,培育一批'桂'字号农业品牌"。为贯彻落实习近平总书记视察广西时的重要讲话和重要指示精神,研究破解乡村特色产业发展的路径模式,聚焦"小产品大产业"助力乡村振兴开展了专题调研,形成如下报告。

一、广西"小产品大产业"助力乡村振兴的实践探索

(一)桂林毛竹山村小葡萄串成大产业的生动实践

桂林市全州县才湾镇毛竹山村是一片红色土地,帮助红军突破湘江包围圈是80多年前毛竹山村的红色初心,实现小康社会奔向乡村振兴是新时代毛竹山村的使命传承。毛竹山村作为桂北的一个传统村落,曾经是贫困落后的地方,但赓续红色血脉的毛竹山村不甘人后,主动发展葡萄特色产业,以小葡萄串成引领群众脱贫致富的大产业,走出了以特色产业巩固脱贫、防止返贫、促进增收的生

动实践。

选准"小葡萄",摘掉"穷帽子"。桂北地区的土壤气候条件十分适宜种植水果,兴安县、全州县更是广西传统葡萄之乡。自21世纪初开始,毛竹山村选准葡萄作为本村重点发展的特色产业,连续19年久久为功,葡萄种植从最初的10亩扩大到现在的320亩,从只有本村种植发展到辐射带动周边村种植近3 000亩,从农民群众收入在贫困线徘徊到年人均纯收入增加至3万元,不仅摘掉了"穷帽子",还成为带动周边贫困户脱贫奔康的"葡萄村"。**突出抱团发展,依靠科技支撑。**在发展葡萄产业过程中,针对葡萄种植技术需求大、管护要求高的特点,毛竹山村与周边种植户成立才湾镇葡萄种植协会,以协会来统一推广先进种植技术,抱团发展生产、应对市场,将葡萄种植推向组织化、科技化、产业化的高质量发展。**致富不忘思源,坚持保护生态。**毛竹山村把为子孙后代谋幸福的红军精神传承和弘扬到产业发展具体实践中,在发展葡萄种植时不依靠过度使用农药化肥来粗放提高产量,不依靠过度开发生态资源来盲目扩大规模,而是采用绿色生产技术、生产方式来提高产业的质量效益,在保护生态拒绝过度开发上稳步前行。

(二)柳州螺蛳粉小米粉做成大产业的成功实践

习近平总书记在广西考察调研乡村特色产业时强调,要贯通产加销、融合农文旅。柳州螺蛳粉产业在发展壮大的过程中,正是做到了贯通产加销、融合农文旅,从而催生一碗小米粉发展成为广受国人欢迎、吸引国际目光的"网红"大产业,成功实践了一二三产业融合发展。

创新发展理念,用工业思维谋划"小米粉"发展。2014年,柳州市明确以袋装机械化生产为方向统筹推进螺蛳粉产业发展,创新将"一碗汤粉"做成了"袋装速食",翻开了柳州螺蛳粉产业现代化发展新篇章。**严把产品质量,用行业标准提升生产水平。**坚持把质量安全作为螺蛳粉产业发展的生命线,将标准化贯穿整个产业链条,统一打造绿色原料生产基地,执行统一生产加工标准,实行全程质量管控和安全检查,实现了螺蛳粉"从田间地头到餐桌"的全程质量管控。**抓住消费热点,用"互联网+"提升品牌影响。**抓住刺激唤醒现代人味蕾的"别样乡愁"和"新鲜尝试"的市场机遇,加强螺蛳粉整体品牌营销,打造线上营销网络,邀请美食领域"网红"向全世界讲好螺蛳粉故事,不断开拓社交平台、深耕电商渠道、赋予文化内涵,有效扩大品牌影响力、提高市场认知度,使螺蛳粉成为在新冠疫情常态化催生消费新业态中逆势上扬的明星产品。**推进产业融合,用全产业链提升增值收益。**以螺蛳粉为载体,大力实施"一产接二连三"工程,构建了产业融合发展模式,基本形成了集原料种养、食品加工、电子商务、快递物流、休闲农业、文化旅游于一体的全产业发展链条。在产业配套上,从绿色、生态、安全的螺蛳粉原材料种植养殖业,到预包装螺蛳粉生产及米粉、酸笋等螺蛳粉原材料深加工业,全产业链条上的上下游产业迅速集聚形成和发展。在链条延伸上,螺蛳粉的"爆红",引发了人们对螺蛳粉的好奇与探究,螺蛳粉产业文化、工业生产线与原料种养基地成为研学旅游的新引爆点。2020 年,柳州市预包装螺蛳粉销售收入达 110 亿元,配套及衍生附属产品销售收入超过 130 亿元,实体门店销售收入近 118 亿元,创造了发展 6 年实现"三个百亿"的产业奇迹。

(三)经验启示

1. 立足特色资源,选准产业。毛竹山村选择发展葡萄特色产业，正是立足于桂林丰富的葡萄种植资源、适宜的生长环境条件以及成熟的种植管理技术，才使得葡萄种植不断发展壮大，持续保持产业活力。柳州螺蛳粉是当地传统美食，面向新经济时代，走的是立足本地工业化资源、将本地名特美食进行工业化提质的发展之路。毛竹山村小葡萄和柳州小米粉能够发展成为大产业，得益于充分利用和发展了本地特色资源，选准了产业，实现了资源产业化和产业特色化。

2. 转变发展方式，找对路径。毛竹山村始终坚持"绿水青山就是金山银山"理念，在红色土地上久久为功发展绿色产业，不仅使小葡萄在湘江边上这个小山村串成了脱贫致富大产业，更是在践行"生态优势金不换"中呵护了桂林山水这块甲天下的世界瑰宝。柳州螺蛳粉将原材料种养、深加工与米粉预包装生产做强产业配套，将种养标准化、生产标准化与产品品牌化贯穿产业发展全过程，在一二三产业融合发展中实现了"一粉"构"全链"。毛竹山村小葡萄和柳州小米粉能够发展成为大产业，是在深入贯彻新发展理念中开辟新路径，走出符合自身实际的"小产品大产业"高质量发展之路。

3. 突出农民参与，盯准主体。毛竹山村葡萄产业起步于产业结构调整时村民的自发选择，发展于葡萄种植协会的统一组织，在整个产业成长的过程中都充分体现和发挥农民的主体作用。柳州螺蛳粉在做大产业过程中，没有使农民游离在产业链、价值链之外，而是通过返租倒包、股份合作、订单带动等模式把小农户带入产业配套和产业链条之中，实现了小农户与农业现代化有机衔接。毛竹山村小葡萄和柳州小米粉能够发展成为大产业，最根本就是突出了农民主体作用，让农民真正参与到产业发展之中，增强产业发展的生命力。

4. 健全发展体系，强化支撑。 毛竹山村在发展葡萄产业过程中注重将种植农户组织起来，将科技支撑体系构建起来，推动组织化、科技化、产业化发展。柳州螺蛳粉产业是在工业化、标准化基础上，建立了完善的质量管控和质量监管体系、完整的产加销和农文旅链条，形成了以螺蛳粉为核心的产业链闭环，走上产业融合发展的快车道。毛竹山村小葡萄和柳州小米粉能够发展成为大产业，很重要的一个因素就是构建了健全的发展体系，为特色产业不断发展提供有力支撑。

二、广西发展"小产品大产业"的基础条件及存在问题

（一）广西农业特色资源的基础条件

有一批具有一定发展优势的"小产品"特色资源。 广西具有丰富的特色农业资源基础，形成了一批具有一定影响力的特色"小产品"集群，如中国糖都崇左、芒果之乡百色、茉莉花之乡横县、沙田柚之乡容县、沃柑之乡武鸣、罗汉果之乡永福、六堡茶之乡苍梧、三黄鸡之乡兴业、金桔之乡融安、荔枝之乡灵山、八角之乡那坡等，截至 2021 年 5 月全区有效期内的地理标志农产品数量达 147 个。从综合条件看，这些"小产品"都具备了发展成为"大产业"的优势。

开发特色资源"大产业"还有较大的空间和潜力。 广西作为全国温、光、热、水条件配比最好的地区之一，在农业特色资源开发上还有较大空间和潜力，据统计具有较高经济价值的动植物超过 1 000 种；"十三五"打赢脱贫攻坚战时，通过县级"5＋2"、村级

"3＋1"模式培育了一批县域特色产业和"一村一品"特色产品。这些具有较高经济价值品种和县域特色产业、"一村一品"特色产品，如果按照"小产品大产业"发展方向进行培育，并着力打造成产值10亿元以上的产业，广西现代特色农业产业将增加万亿级的产值，将成为"十四五"广西农业赶超跨越的重要增长点。

（二）"小产品大产业"发展中存在的主要问题

1. 顶层设计"缺"。广西虽然拥有丰富的特色农业资源，但品类众多的"小产品"发展缺乏统一顶层设计，特别是在"小产品大产业"发展布局上缺乏总体规划，在发展战略上缺乏政策配套，在发展路径上缺乏有效引导，"小产品"特色产业体系尚未形成。

2. 品牌效力"弱"。广西特色"小产品"虽然形成了一些"地理标志"，在一定范围内有了一定知名度，但生产与消费、产品与市场的衔接仍不够充分，品牌影响力总体较弱，特色农业尚未形成真正的品牌优势和市场竞争力。

3. 产业链条"短"。柳州螺蛳粉在全产业链发展中做成了大产业，但广西大多数"小产品"特色产业开发仍以初级产品为主，精深加工和全链条配套仍是短板，产业、产品价值挖掘的深度和广度不够，一二三产业融合发展程度不高。

4. 产业规模"小"。本土特色"小产品"大多集中在特定区域内，产业规模化程度低，农业产业集群尚处在起步阶段，现代特色农业质量效益还没有充分显现。

5. 产业底子"弱"。广西作为后发展欠发达地区和全国脱贫攻坚主战场，广大脱贫地区在县级"5＋2"、村级"3＋1"模式创新下培育起来的扶贫特色产业，总体上还处于培育成长期，自主成长能力不足，受市场波动影响大，亟待在全面推进乡村振兴中加快产业整合、更新和提升。

三、发展壮大"小产品大产业"助力乡村振兴的对策建议

贯彻落实习近平总书记视察广西时的重要讲话精神，具体落实到"十四五"时期广西农业现代化发展方面，就是要立足农业大省区的基础条件和优势资源，久久为功做好发展现代特色农业这篇大文章，全面提升现代特色农业发展的标准化、产业化、品牌化水平以及质量效益和核心竞争力，走出一条具有广西特色的"小产品大产业"助力乡村振兴之路。

一是加强顶层设计，大力实施现代特色农业"小产品大产业"发展战略。尽快研究出台《关于加快促进广西现代特色农业"小产品大产业"发展的实施意见》《广西现代特色农业"小产品大产业"高质量发展三年行动方案》等文件，强化政策引领。将"小产品大产业"发展纳入广西农业农村发展"十四五"规划，并由自治区农业农村厅牵头组织编制广西"小产品大产业"发展专项规划，做好规划布局。将实施广西现代特色农业"小产品大产业"发展战略作为自治区党委农村工作领导小组重点推进工作内容，自治区、市、县三级组建工作专班，加强组织领导。

二是立足林果蔬畜糖等特色资源，推动特色"小产品"做成乡村"大产业"聚成优势"大集群"。按照"前端抓好科技支撑、中间抓好生产组织、后端抓好市场营销"发展思路和"区域集聚、经营集约、产业集群"产业化模式，进一步深挖产业潜力和市场需求，对广西特色"小产品"进行贯通产加销、融合农文旅的赋能提升和重塑打造，加强全产业链环节深耕细作和上下游产业融合发

展，以产业化促进生产、加工、销售各个环节利润增值，构建"前中后"闭环、区域闭合、全要素支撑的全产业链发展体系，推动特色"小产品"做成乡村"大产业"，聚成优势"大集群"。"十四五"期间，重点要立足林果蔬畜糖等特色资源，加快发展"小产品大产业"，推动加工增值、生态赋能、品牌提效和集群发展，在巩固提升6个1 000亿元产业的基础上，将林下经济、休闲农业和乡村旅游业、优质家禽等3个产业发展壮大为1 000亿元产业，力争形成粮食、蔗糖、水果、蔬菜、海洋渔业、优质家畜、林下经济、休闲农业和乡村旅游业、优质家禽等9个千亿级特色支柱产业。

三是深化县级"5＋2"、村级"3＋1"特色产业发展，把提升打造"小产品大产业"作为脱贫地区巩固脱贫、防止返贫、促进增收的重要路径。要把脱贫地区培育起来的县级"5＋2"县域特色产业、村级"3＋1""一村一品"特色产品作为重要对象，找准"小产品大产业"的实现路径，对脱贫地区乡村特色产业进行提升打造、促进提质增效，为脱贫地区加快推进乡村振兴提供有力支撑。做好脱贫地区乡村特色产业发展的摸底调查，以市场前景、品质特色、开发价值为主要衡量标准，准确评价产业基础和潜力，在脱贫攻坚期形成的特色产业基础上，坚持大稳定小调整原则，加快特色产业整合、更新和提升。持续推进"5＋2""3＋1"特色产业发展模式，在"十四五"时期将县级"5＋2"、村级"3＋1"特色产业清单，转化为"小产品大产业"清单，指导推动脱贫地区选准产业，并持续重点打造。继续加大对脱贫地区乡村特色产业发展的政策扶持力度，引导推动社会资本、财政项目、经营主体等重点向"小产品大产业"清单上的产业集聚。

四是强化多要素支撑，构建完善"小产品大产业"的发展体系。加强人才队伍保障，分类推进支撑"小产品大产业"的人才建设，对直接从事农业生产的广大农民群众，重点加强先进适用技能培训，着力培养高素质农民；对新型农业经营主体人员，如家庭农场主、农民专业合作社带头人、农业企业生产管理人员和农村经纪人等，重点提高科技素质、实用技能和经营管理能力等；对产业需要的高层次人才或特定人才，采取重点引进、订单式培养等方式加强人才引进培育。强化科技自立自强，要重构与产业链供应链价值链相融合、与农业现代化相适应的创新链，为"小产品大产业"发展插上科技翅膀。聚焦种业这个产业发展的"芯片"，大力推进现代特色种业发展，扭住"小产品"发展成"大产业"的"牛鼻子"。用好标准化生产这个手段，将标准化贯穿整个产业链条，提升特色产业质量效益。推进关键技术领域攻关和重大科技成果孵化转化，如重点攻克柑橘黄龙病、香蕉枯萎病、甘蔗收获机械化、农产品精深加工、生态种养等"小产品"发展壮大的"卡脖子"难题，打造科企融合创新联合体，探索采用政府订购、委托服务等多种方式引导社会各方力量转化科技成果参与打造"小产品大产业"。强化小农户与"小产品大产业"全链条有机衔接，通过"大园区＋小农户""大基地＋小农户""大订单＋小农户"等多种形式，促进"小产品"形成"大产业"适度规模经营，促进小农户在园区和新型农业经营主体带动下参与"小产品大产业"的生产经营。

五是加大品牌培育力度，将现代特色农业优势转化为"小产品大产业"的品牌竞争力。把"小产品大产业"作为"广西好嘢"品牌培育的重点，讲好每一个"小产品"的品牌故事，整合原有小散品牌，通过整体塑造、提升质量、赋予文化、统一包装等，打造一批"小产品大产业"的"桂"字号农业品牌，提升广西特色"小产品"的市场占有率、消费者信任度和溢价能力。突出特色，在发展"小产品"中因地制宜打好绿色牌、长寿牌、富硒牌，深入开展品牌营销，提升广西特色农产品在全国市场特别是京津冀、长三角、粤港澳大湾区等重点城市群的品牌竞争力。大力实施品牌提升行动，健全完善品牌培育、发展和保护体系，不断扩大广西现代特色农业"小产品大产业"经济总量。加大品牌宣传力度，积极用好传统媒体、新媒体等，运用"互联网＋"方式持续大力宣传，扩大广西现代特色农业"小产品大产业"的影响力。

广西种质资源保护利用与现代种业创新发展研究

党的十九大从全局和战略高度，明确提出实施乡村振兴战略，是着眼于"两个一百年"奋斗目标导向和农业农村短腿短板问题导向作出的重大战略部署，是着眼于推进"四化同步"和"五位一体"发展作出的重大战略决策。种子是农业的"芯片"，是藏粮于地、藏粮于技战略的两个关键之一。大力发展现代种业，事关粮食安全和农业现代化全局，是推进现代特色农业和乡村振兴进程中的必然要求和首要任务。

一、广西种业发展现状

近年来，自治区党委、政府高度重视种业发展，大力推进现代种业创新，以良种提升现代特色农业产业优质化、品牌化发展水平，有力支撑了一批优势特色产业不断发展壮大。

（一）种业科技创新底蕴深厚

20世纪70年代初，广西参与了全国杂交水稻选育攻关大协作，率先筛选出强恢复系，为我国实现杂交水稻"三系"配套并在世界上首先应用于生产作出了突出贡献。在参与全国协作攻关中，广西培育了一批优秀种业人才甚至是全国领军人才，种业科技一度走在全国前列。1981年，自治区农科院原院长李丁民研究员荣获新中国首个特等发明奖；同年，自治区农科院建成我国第一座低温干燥种质资源库；1989年，广西建成亚洲最大的桉树基因库；20世纪80年代，博白县被认定为国家第一批南繁杂交水稻制种基地（至2011年仍聚集了26家企业在此进行种子生产）。

（二）种质资源十分丰富

广西种质资源丰富，保存农作物种质资源8万余份，其中稻种资源、甘蔗资源、桑种资源等保存量居全国前列，拥有目前世界上面积最大的普通野生稻连片生长原生地保护区，甘蔗、糯玉米种质资源分别占全国保存总量的约1/2、1/3。大多数地方畜禽品种遗传资源都得到了较好的开发利用，如龙胜凤鸡、陆川猪、环江香猪、德保矮马等种质资源都极具地方特色。截至2021年，有29个地方畜禽品种列入《国家畜禽遗传资源品种名录（2021年版）》，其中5个品种列入《国家级畜禽遗传资源保护名录》，活体保存蚕遗传资源584份，累计培育13个畜禽新品种（配套系）和一批达国内外先进水平的蚕品种；包括特有珍稀土著鱼类、水生哺乳类、贝类、龟类等类群在内的活体水产种质资源100多种；构建了虾、贝及淡水鱼等重要种类的细胞库、配子库和基因库，低温保存40余种约6万余份水产种质资源核酸样品；收集保藏微生物种质资源10 000余份，其中食药用菌菌株1 000多株。

（三）品种成果竞相涌现

长期以来，广西科研工作者在育种创新上不断探索，久久为功，随着广西深入推进创新驱动发展战略、组织实施现代种业创新工程等科技强农重大工程，具有自主知识产权的新品种成果相继涌现，育种创新进入了出良种、出成果的周期。"十三五"期间，共审定农作物新品种 1 143 个，其中广西审定的主要粮食作物新品种近三年均保持在全国省级品种审定数量的前两位；自主选育并通过审定林业良种 167 个；选育畜禽新品种（配套系）数量位居全国第 4 位；淡水苗种产量居全国第 3 位；罗非鱼"壮罗 1 号"和香花油茶"义禄""义丹"等新品种填补了国内空白，满足了我国多元化市场需求。

（四）自主选育品种在主要产业的主导地位逐步显现

党的十八大以来，一大批"桂"字号新品种的涌现，打破了广西农业产业对国外引进品种的依赖，极大提升了优势特色产业的自主品种主导权，为广西牢牢把住农业产业转型升级主动权提供了有力支撑。如以"桂糖 42 号""桂柳 05136"为代表的甘蔗自育优良品种已取代推广 20 多年的"新台糖 22 号"，成为广西和全国甘蔗种植的主力军；"两广二号""桂蚕 2 号"等家蚕品种，年推广量占广西总量的 95％、全国总量的一半以上；人工林平均良种使用率达 80％；油茶"双千"计划中，以全国第一个油茶良种、推广种植面积全国第一的"岑软"油茶系列为主推品种，良种率达 100％；北部湾地区的钦州市已成为全国大蚝主产区以及最大的种苗供应地，蚝苗产量占全国的 70％以上。

（五）品种品质品牌提升行动成效显著

党的十八大以来，自治区党委、政府结合广西农业发展实际，创新载体深入推进农业供给侧结构性改革，加快推进现代特色农业建设。自 2015 年起，广西持续推进现代特色农业产业品种品质品牌"10＋3"提升行动、"10＋3"现代特色农业产业高质量发展三年提升行动，在全国率先将品种与品质品牌进行协同推进，以品种促品质，以品质打品牌，引领农业产业由粗放式发展转向集约化经营、产品由数量规模优势转向品牌质量竞争，成功打造了粮食、蔗糖、水果、蔬菜、渔业、优质家畜、蚕桑、中药材、油茶、优质家禽、食用菌、茶叶等一批千百亿元产业集群和横县茉莉花、永福罗汉果、武鸣沃柑等一批享誉全国的品牌，为农业农村部从2021年开始组织实施农业生产"三品一标"提升行动（品种培优、品质提升、品牌打造和标准化生产）提供了实践支撑。涌现出一批科企合作全国先进典型，广西兆和种业有限公司与自治区农科院共同探索实行的科企合作"兆和模式"、广西八桂林木花卉种苗股份有限公司育繁推一体化科企合作等得到农业农村部、国家林草局认可，多次在全国相关会议上作交流发言。

二、广西种业科技创新现状

种业科技创新发展是农业科技自立强区的根基。党的十八大以来，广西把种业科技创新摆在农业科技创新的重要位置，以一系列有力举措推动走出一条品种创新优、企业竞争强、供种保障稳的种业科技创新发展之路。

（一）推进新一轮种质资源普查

在第三次全国农作物种质资源普查与收集行动中，高质量完成了2万余份优质种质资源的发掘和保护，首次实现广西农作物种质资源收集区域、收集种类和生态类型三个全覆盖；收集了耐涝抗逆性强野生甘蔗资源合浦割手密，爆裂型专用玉米品种"岩茶"，米粉专用稻"广州妹""大粒谷"，流传千年的主栽水稻品种"地灵红糯"等一大批优异本土资源。2021年起，还正式启动了广西首次林草种质资源普查与收集，计划在查清、掌握全区林草种质资源现状的基础上，建立林草种质资源信息管理系统，为制定林草种质资源长期保护与利用规划提供依据。

（二）建设一批种质资源保护设施

全区初步建立了种质资源中长期库、种质资源圃和原生保存点为一体，国家级和自治区级相衔接的种质资源保存保护体系，确保广西特有优势种质资源的延续发展，包括建成7个国家级及部级、5个自治区级种质资源圃（库），5个国家级、28个自治区级畜禽遗传资源保种场（保护区、基因库），5个国家级林木种质资源库，2个国家级水产良种场、24个自治区级水产良种场，其中全国现代渔业种业示范场4个；自治区级名录品种保护率达84.38%。全区还建成一批高规格的良种繁育基地，有效保障了良种供应，包括建成国家级良种繁育基地11个、国家级林木良种基地12个、自治区级林木良种基地10个，其中广西农业良种海南南繁育种基地被列入国家南繁核心区建设，得到农业农村部等国家相关部委的肯定，在全国起到标杆作用。

（三）推动一批良种联合攻关

科企合作方面，在全国率先开通联合体试验渠道，率先出台省级《主要农作物品种审定标准》，率先启动省级农作物、畜禽良种联合攻关，引导育繁推一体企业积极开展自有品种试验，依托高校和科研院所走"产学研联合育种"模式，激发了各类主体的育种积极性。院地合作方面，引进中国农科院等"国家队"创新资源，建立"国家级科研院＋省级科研院＋地方政府＋经营主体"四级联盟机制，在农业科技创新、平台建设、科研成果转化、人才团队培养等领域开展全面合作。

（四）发展一批现代种业企业

近年来，广西通过深化种业领域"放管服"改革、为种业企业提供"保姆式"服务、加大财税金融支持力度等一系列政策措施，强化企业在种业市场中的主体地位、激发企业创新活力，助推了一批种业企业持续发展和做大做强。截至 2021 年，全区共有农业种业企业 870 家，其中农作物种业企业 414 家、种畜禽企业 178 家、水产苗种企业 278 家。广西兆和种业有限公司进入中国种业公司十强，广西桂柳牧业集团成为全球最大的种鸭养殖集团，广西扬翔股份有限公司建有世界最大、最先进的空气过滤公猪站且其下属的广西秀博科技股份有限公司凭借猪精年产能 1 000 万袋的实力成为我国最大的社会化供精企业，广西八桂林木花卉种苗有限公司年产苗木达 2 亿株以上，为广西人工林面积保持全国第一提供了重要的林木良种保障，广西金陵牧业集团公司建立了我国唯一的西南地方鸡活体基因库。

（五）壮大一批有一定影响力的大产业

近年来，依托良种良法的有力支撑，广西现代特色农业产业不断提质升级，在脱贫地区培育发展了一批县级"5＋2"、村级"3＋1"特色产业，为打赢精准脱贫攻坚战和全面建成小康社会夯实了产业基础。自主育成的单一品种推广种植面积最大的水稻品种"秋优 1025"，近 20 年来累计推广种植面积 2 600 多万亩，有力确保了粮食安全；油茶新品种"岑软 3 号"无性系良种种植 10 年的示范林最高茶油亩产达 166 斤，亩产值超过 8 000 元，助推广西油茶产业在"十三五"时期发展成产值 317 亿元的大产业；优良的杉木、松树、桉树等种质资源禀赋开发利用，助力广西成为全国最大的木材生产基地；在优果工程持续深入实施下，"十三五"期间广西园林水果产量从全国第五跃升到全国第一；田阳圣女果、钦州辣椒和黄瓜脆、荔浦芋头以及"绿蕾豆角""子弹头黑皮冬瓜"等"桂菜"品牌在北方市场独树一帜，蔬菜输出辐射全国，广西已成为全国最大的"冬菜篮子"，也是全国最大的"南菜北运"生产及供应基地。

三、广西现代特色农业发展进程中面临的种业瓶颈

经过多年发展，广西现代特色农业产业传统增长动力已经明显不足，增加规模等传统支撑方式已难以推动农业产业发展产生质的飞跃，而种业对广西现代特色农业发展的制约也日益突显：一是种业创新能力不足制约广西现代特色农业品种升级及产业更新。如水果、桑蚕等产业规模在"十三五"期间已实现全国第一，但规模呈现总体缩小的趋势，以规模换产值的空间已所剩不多。广西现代特色农业正处于新旧动能转换期，但由于育种创新能力相对不足，突破性品种不多，原有品种已不能满足广西现代特色农业升级更新和提质发展需求。二是良种供应能力不足制约广西现代特色农业"二次"创业。"十三五"以来，广西农产品加工业发展明显加快，但缺乏强劲发展动力，原因之一便是原料供给制约。广西良种供应特别是适宜加工的优质、专用品种的供应能力明显不足，已严重制约现代特色农业的产业融合发展。三是同质化问题制约广西现代特色农业品牌建设。广西特色农产品品种众多，农业品牌建设已具备较

好基础，但由于种业管理信息化程度较低，种业资源数据互通、育种材料互换等力度不够，导致育成品种同质化现象较突出，制约了广西农产品品牌导向发展，降低了"桂"字号农产品区域公用品牌、农业企业品牌、农产品品牌的影响力，削弱了广西农业效益和农产品市场竞争力。

四、广西种质资源保护利用与现代种业创新发展的对策建议

在"十四五"期间，要坚决打好种业翻身仗，推动广西由资源大省区向种业大省区转变，以种业高质量发展有力支撑广西农业现代化进程。

（一）加强资源保护与利用

按照原产地优先、鼓励多点保护的原则，加强种质资源收集保护与利用，建立科学系统的种质资源保存利用体系，夯实现代种业发展基础。全面摸清广西农作物、畜禽、水产、林草、农业微生物等种质资源家底，做到应收尽收、应保尽保。推动畜禽遗传资源基因库、蚕桑种质资源库、中药材种质资源库、水产种质资源库立项建设。争取国家支持广西植物研究所建设猕猴桃国家种质资源圃和罗汉果国家种质资源保存圃，建设国家甘蔗种质资源圃，开展西江流域水产土著种类、北部湾海域特色水产种类、奶水牛遗传材料采集与保存，完善德保矮马、陆川猪、永福罗汉果、百色芒果等地方品种种质资源保护。分批推进全区现存野生稻分布点基础设施建设，建设自治区级野生稻种质资源圃。加强种质资源鉴定评价与利用研究。筛选挖掘一批有育种利用价值的优异种源基因，提纯复壮

一批地方特色优良品种。推进种质资源信息化管理，加快推进广西种质资源大数据共享平台建设，建立农业种质资源共享交易制度。

（二）加快发展商业化育种

强化企业在商业化育种中的主体地位，构建政府为引导、企业为主体、科研机构深度参与的商业化育种新体系。加速种业科研成果转化为实际生产力，以商业化育种破除良种市场推广的"卡点"。积极推进"放管服"，引导社会资本参与做大做强一批育繁推一体化领军龙头企业，通过龙头企业推进地方特色品种产业化发展，打响广西香米、百色芒果、桂林罗汉果、陆川猪等一批"桂"字号地方特色品种品牌和企业品牌。按照"政府引导、产权合作、市场运营"的原则，以自治区国有资本运营平台为主体，对中小型种业企业进行兼并重组，按照市场规律运作，企业自主经营，强强联合组建广西种业集团，打造成具有全国甚至全球竞争力的现代化种业集团。鼓励通过企业向科研单位提供科研经费、科企共享成果转化利润等方式，整合育种人才、育种技术、育种资源、企业管理人才、种子生产基地、营销网络等种业发展要素，实现科研院所与企业优势互补、多方共赢。

（三）强化种业创新体系建设

在育种攻关、龙头引领、创新支撑、集聚区建设等方面攻坚发力，推进构建分工合理、产学研紧密合作的种业创新体系，尽快补上广西种业科技创新短板。加强"常规育种＋生物育种"的育种攻关。尽快实施常规育种与生物育种相结合的种业创新战略，把两种育种技术的潜力最大限度地挖掘出来，既要发挥常规育种在品种改良方面的传统优势，又要运用现代生物技术在创制育种材料和提高育种定向性、精准性、有限性等方面寻求突破。打造"科研单位龙头＋市场企业龙头"的龙头引领，在科研单位龙头培育打造方面，加快推进公益性研究机构基础研究和原始创新效率，打造农林牧渔领域公益性基础科研单位龙头；做强做大一批种业龙头企业，打造成种业市场的育种创新龙头。加强"重大研发专项＋重大研发平台"的创新支撑，建议新增设立现代生物育种重大研发专项，引导科研院所加强现代生物育种技术等基础性前沿科技研究和重点种源核心技术攻关。在重大研发平台方面，争创一批国家重点实验室、工程研究中心、技术创新中心等国家级、省部级种业创新研发平台。推动"多渠道提升＋分层次布局"的育种集聚区建设。一是打造现代种业发展集聚区。探索以扶绥县、广西-东盟经济开发区为连片核心板块，整合现有多家科研机构、育种企业、育种基地等优势资源，布局建设广西现代种业发展集聚区。二是在推进现代种业产业园创建中优先安排一批以种业为主导产业的现代农业产业园创建。加强新一轮规划建设，提升基础条件，配套扶持政策，保障和改善南繁制种环境，吸引和支持更多育繁推一体化企业聚集广西做种业、进入基地搞制种。

（四）拓展良种消费市场

主动融入国内国际双循环新发展格局，遵循"广西市场主导、大湾区市场重点联动、全国市场突出特色、东盟市场拓展辐射"的发展思路，培育拓展广西种业国内国际市场，提升广西良种市场规模和效益。鼓励市、县、乡各级农业部门和基层种业服务机构推广自主品种，重点巩固糖料蔗、优质稻、玉米、香蕉等自主品种在广西市场的主导地位，提升蔬菜、畜禽、经济作物等自主品种在广西市场的知名度和自给率，通过市场化手段提高自主品种市场占有率。做好从种业源头开始的全产业链衔接、配套和优势互补，特别是加强黄羽鸡、生猪等畜禽优质种源与粤港澳大湾区的互通有无和开发利用。做专做精地方特色小作物、小品种等传统优良品种资源。结合东盟市场需求，探索"国内研发—境外制种—境外销售""境外研发—境外制种—境外销售"等种子贸易形式。

（五）加强种业开放合作

融入国家"一带一路"倡议，结合广西"三大定位"新使命，加速形成广西种业"南向、北联、东融、西合"全方位开放发展新格局，推动广西现代种业提质升级。推进"双轴开放"，以推进中国-东盟、中非两条轴线农业科技开放合作为重点，加强与国际种业的合作交流。推进国内种业的创新"三区协同"，加强与华南双季稻区、国家甘蔗主产区、热区开展农业科技协同创新，使广西丰富的热作资源在区域协作中发挥出更大作用。推进种业的"桂台合作"，在种质资源、生物技术、标准化栽培等领域深化合作，在农业新品种、新技术等引进、示范方面促成一批交流合作成果。

广西农业绿色发展现状与对策研究

绿色发展是我国"创新、协调、绿色、开放、共享"新发展理念的重要组成部分，是国家生态文明建设的重要实现路径，是实施乡村振兴战略的重要抓手。农业绿色发展是我国农业发展观的一场深刻革命，为应对我国农业发展面临的资源与环境双重约束，党的十八届五中全会首次提出农业绿色发展理念，并在党的十九大报告中进一步将其上升为国家战略。党的十八大以来，广西认真贯彻落实习近平总书记视察广西重要讲话精神，落实"三大定位"新使命和"五个扎实"新要求，农业发展取得了显著成效，但主要依靠资源消耗的粗放经营方式、绿色优质农产品供给不足等制约广西现代特色农业发展的问题尚未得到根本改变，推动农业绿色发展成为广西推进农业供给侧结构性改革、全面实施乡村振兴战略的必然要求。

一、广西农业绿色发展的基础优势

（一）生态资源优势得天独厚

"广西生态优势金不换"，广西地处亚热带地区，属亚热带季风气候，年平均气温为 16.5～23.1℃，是地跨山、江、海、边的综合过渡带，大部地区气候温暖，温、光、热、水资源优越，是全国最大的热区。生物多样性十分丰富，已知高等植物 9 494 种，植物种数仅次于云南和四川、居全国第三位，国家重点保护珍稀濒危植物 122 种、居全国第二位，农业种质资源十分丰富。广西土地面积 23.76 万平方公里，森林面积 1 485 万公顷，森林覆盖率达到 62.5％、居全国第三位。水资源总量 2 114.8 亿立方米，占全国 6.7％、居全国第四位，地表水资源 2 113.7 亿立方米、居全国第三位。截至 2020 年，广西自然保护地空间面积为 225.36 万公顷，全区建立不同类型、不同级别的自然保护地 224 处，拥有国家级自然保护区 23 个（居全国第六位）。广西海域拥有红树林、珊瑚礁和海草床等典型海洋自然生态系统，属于全球生物多样性保护的主要对象，其中红树林面积达 0.72 万公顷、居全国第二位。丰富的生态资源优势，得天独厚的农业生产条件，为广西实现农业绿色发展提供了厚实的自然基础。

（二）现代特色农业发展持续稳定向好

近年来，广西大力实施现代特色农业产业品种品质品牌"10＋3"提升行动，打造形成粮食、蔗糖、水果、蔬菜、渔业、优质家畜、蚕桑、中药材、油茶、优质家禽、休闲农业、食用菌、茶叶等 13 个千百亿元产业，成功创建了三黄鸡、罗汉果两个国家优势特色产业集群，"广西好嘢"农产品品牌总价值超过 2 500 亿元。2020 年，广西甘蔗、蚕茧、木材产量分别占全国产量的 68.6％、47.8％、35.1％，连续多年排在全国第 1 位；水果产量仅次于山东，排在全国第 2 位；家禽出栏量排在全国第 4 位；蔬菜产量、海水产品产量、水产品总产量、肉类总产量、肉猪出栏数量、茶叶产量均排在全国前 10 位。现代特色农业产业规模持续发展壮大，为农业绿色发展奠定了良好的产业基础。

（三）农业科技创新能力稳步提升

广西坚持创新驱动发展，不断加大农业科技创新投入力度（经费使用总额在自然科学、农业科学、医药科学、工程与技术科学、人文与社会科学等5大学科领域中排名第一，详见图1），加快推进农业科技创新能力建设，建成了包括高校、科研机构、企业在内，涵盖种植业、林业、畜牧业、渔业、农垦、农机等领域的自治区、市、县三级农业科技创新体系。在农业领域，先后建成了一批国家重点实验室、国家工程技术研究中心、国家技术创新中心等国家级农业科技创新平台，组建了20个国家现代农业产业技术体系广西创新团队、覆盖26个主要优势特色产业，成立了广西农业科技创新联盟，逐步形成布局合理、功能层次明晰、产业创新链全面的农业科技创新平台。"十三五"期间，通过国家审定的主要农作物（水稻、玉米）新品种88个，通过自治区审定的农作物及蚕新品种1 143个，其中2018年、2019年分列全国省级品种审定数量第2位和第1位；累计选育通过国家审定、具有自主知识产权的畜禽新品种（配套系）13个，居全国第4位；开创了灌阳"超级稻—再生稻—绿肥"、南丹"稻—灯—鸭—油菜—绿肥"以及三江"稻＋渔"、融水"稻＋河蟹"和"稻＋螺"、南宁"稻＋虾"等多种生态绿色种养模式。此外，如图2所示，广西农业机械化水平逐年提高，2020年广西农业机械总动力全国排名第11位，主要农作物耕种收综合机械化率达到65.54%，比2015年提高了15个百分点。截至2021年，建成百色、北海、来宾、玉林、贺州、南宁等6家国家农业科技园区，认定建设自治区级农业科技园区29家。2020年广西农业科技进步贡献率50%，较2015年提高近5个百分点。农业科技水平的提升，为广西农业绿色发展提供了强有力的技术支撑。

图 1　2015—2020 年广西农业科技经费筹集、使用情况

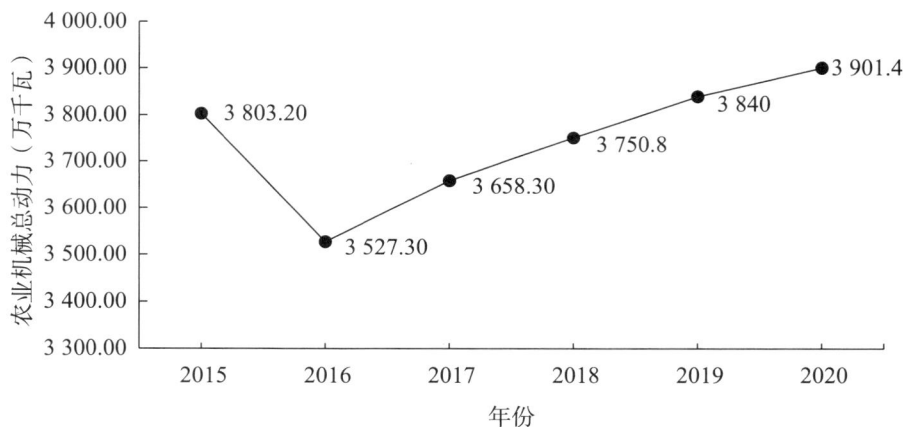

图 2　2015—2020 年广西农业机械总动力变化趋势

（四）乡村生态文明体系逐步完善

广西深入贯彻落实习近平生态文明思想，坚持"绿水青山就是金山银山"的发展理念，扎实推进生态文明建设，推动生态优先、

绿色发展成为全区上下的高度共识和自觉行动，生态文明建设取得显著成效，广西"山清水秀生态美"金字招牌越擦越亮。到 2020 年底，全区共有 45 个市、县成功创建了"广西园林城市"，其中南宁市在 2015 年获得全国第一批"国家生态园林城市"命名，有 8 个市、县正在开展广西公园城市建设试点，各地城市园林绿化水平和质量明显提升。截至 2021 年 10 月，广西获得国家生态文明建设示范区、"绿水青山就是金山银山"实践创新基地命名授牌的县（市、区）分别达到了 13 个和 4 个，数量居全国第 13 位。同时，广西积极开展生态建设示范市、示范县、示范乡镇创建工作，到 2020 年共命名 33 个生态县（市、区）、457 个生态乡镇、2 763 个生态行政村。生态意识的加强，极大激发了广西农业绿色发展自觉性，贺州市钟山县、百色市田东县先后入选国家农业绿色发展先行区建设名单。

二、广西农业绿色发展的实践成效

（一）加强农业资源保护利用

一是加强土地资源保护和质量提升。一方面，广西大力推进岩溶地区石漠化治理，土地石漠化程度逐步减轻。据全国岩溶地区第三次石漠化监测结果显示，与 2011 年第二次石漠化监测结果相比，广西石漠化土地净减 39.3 万公顷，减少率 20.4％，净减面积超过 1/5，成为全国石漠化面积连续减少最多的省（区），治理成效稳居全国第一。另一方面，广西大力推进高标准农田建设，促进耕地质量提升。截至 2020 年 12 月底，完成全区 111 个县（市、区）耕地土壤环境质量类别划分，形成了全区耕地土壤环境的类别清单，完成农用地安全利用面积达到国家下达任务的 138.9％，超额完成国家下达任务。2016—2020 年，全区利用国家耕地保护与质量提升项目推广应用绿肥种植、增施有机肥、秸秆还田、酸化土改良等耕地质量提升技术，建立示范县 74 个，示范面积 110.44 万亩，其中，省级耕地质量建设示范县项目 78 个、示范面积 11.56 万亩，市县级土壤改良培肥示范面积 94.12 万亩，有效提升全区耕地质量。截至 2020 年底，全区共建设高标准农田 2 810 万亩（全国排名第 15 位），圆满完成"十三五"规划建设任务。耕地质量的提升为广西农业绿色发展奠定了坚实基础。

二是加强农业水资源保护利用。广西是水资源丰富地区，但水资源的不合理利用，造成农业用水效率不高且浪费严重，广西仍然有大面积土地面临旱灾险情，严重制约广西农业绿色可持续发展。近年来，广西大力发展节水农业，不断集成创新技术模式，坚持工程与农艺结合、硬件与软件配套、设备与技术并重，提炼出适宜南方各地推广应用的十大高效农田节水模式，即：水肥一体化、膜下滴灌、微喷灌、集雨节灌、覆盖保墒、深耕深松、坡改梯和等高种植、农化抗旱保水剂应用、水稻半旱式垄沟灌溉、水稻浅湿控制灌溉等技术，探索出了我国南方地区发展节水农业的新路子，得到农业农村部的高度评价。2020 年底全区农田有效灌溉面积达到 2 570 万亩，农田灌溉水有效利用系数提高到 0.509，桂中、桂西北和左江三大旱片的农田水利基础设施薄弱环节得到加强，农业水资源利用效率不断提高。

三是加强海洋资源保护利用。近年来，广西全面提升生态用海、生态管海水平，强化陆海统筹的规划引领，将海洋空间治理纳入海洋经济社会发展全局，实施流域环境和近岸海域综合治理。通过严格落实海洋生态红线划定、自然岸线和围填海管控、无居民海岛保护等方面工作措施，完善海洋生态环境保护协调合作机制，抓实海洋生态修复示范工程项目，不断促进海洋经济可持续发展和海洋资源的可持续利用，用严格的生态环境修复制度和措施倒逼向海经济走绿色、低碳、高效、循环发展之路。2017年底广西组织实施《广西海洋生态红线划定方案》，划定"红线区"总面积为4 100.65平方公里，占广西管理海域总面积的60.12％，这是广西最先划定和实施的生态红线，广西也是全国沿海有关省份划定的海洋生态红线区面积占比最大的省份。根据《2020中国生态环境状况公报》和《2020年广西壮族自治区生态环境状况公报》，广西近岸海域水质为优，优良比例达95.5％，持续位于最优级别。

四是加强农业种质资源保护利用。广西农作物种质资源丰富度和保有量位居全国前列，其中稻种资源数量居全国首位，拥有目前世界上面积最大的普通野生稻连片生长原生地保护区，甘蔗、糯玉米种质资源分别占全国保存总量的约1/2、1/3。林业种质资源位居全国前三名。截至2020年，全区已建成7个国家级及部级、5个自治区级的农业种质资源圃（库），保存农作物种质资源及相关材料8万余份，为广西农业良种化、绿色化发展奠定了强有力的种质资源基础。

（二）加强农业生态环境保护

一是深入推进化肥农药使用量零增长行动。一方面，通过种植绿肥、增施有机肥、农作物秸秆还田等项目，大力推进有机肥替代化肥。推广测土配方施肥、水肥一体化等节肥增效技术。"十三五"期间，广西累计推广测土配方施肥技术3.1亿亩次、水肥一体化技术1 300多万亩，化肥减量增效行动实现预期目标。另一方面，安排病虫害绿色防控专项资金，大力推广病虫害绿色防控技术，促进农药使用零增长。"十三五"期间，广西农作物病虫害绿色防控面积 3.95 亿亩次，农药使用量从 2017 年开始连续 4 年实现负增长（表 1），实现了肥药施用"双减"、质量效益"双增"。联合国粮食及农业组织国际植保公约秘书处秘书长夏敬源认为，广西的绿色植保防控技术走在世界前列。

表 1　2015—2020 年广西农药、化肥、农膜使用情况

类别	2015 年	2016 年	2017 年	2018 年	2019 年	2020 年
农药（吨）	74 916	85 694	72 495	69 714	68 144	66 026
化肥（折纯量，万吨）	259.86	262.14	263.83	255.05	252.04	247.85
农膜（吨）	46 276	48 445	47 693	47 195	47 577	48 712

二是推进农业废弃物综合利用。 广西大力推广"微生物＋农作物秸秆""秸秆—养殖—能源化利用—沼肥还田"和"养猪—沼气—种果"等生态循环模式，实行种养结合，形成"农作物—养殖—有机肥—农作物"的农牧良性循环，实现了秸秆和粪污等废弃物资源循环利用，形成了"秸秆还田循环培肥""秸—饲—肥种养结合""秸—沼—肥能源生态""秸—菌—肥基质利用""秸—饲加工""秸秆—基质—肥料循环利用""秸秆覆盖栽培循环""秸秆燃料化循环利用""秸秆养殖垫料肥料化循环利用""水稻秸秆原料加工利用"等秸秆资源化综合利用十大模式，在秸秆直接还田、饲料化利用、能源燃料、基料化利用、原料化利用等方面，均取得了较大的技术突破，在全区得到广泛推广应用。截至 2020 年底，全区秸秆综合利用率超过 85%，推广综合利用模式面积 2.3 亿亩次，增收节支 60 多亿元，当季农膜回收利用率超 80%。大力发展生态养殖模式，截至 2020 年，广西通过生态养殖认证的畜禽规模养殖场已有 5 986 家，畜禽规模养殖场生态养殖比重达 86.54%，畜禽

粪污综合利用率、畜禽规模养殖场粪污处理利用设施装备配套率分别达到88.5%、95.48%，畜禽粪污综合利用率远超全国75%的平均水平，有效实现废弃物资源化利用。

（三）提高绿色优质农产品供给能力

近年来，广西紧紧围绕农业供给侧结构性改革主线，以市场需求为导向，大力推进农产品质量安全监管能力建设，农产品质量安全工作取得明显成效，绿色优质农产品供给能力稳步提升。近五年来，广西农产品质量安全例行监测总体合格率均保持在98%以上，位居全国前列。全区共创建了1 150个乡镇农产品质量安全监管服务站，10个国家农产品质量安全县（市、区）和53个乡镇农产品质量安全监管示范站，进一步筑牢了农产品质量安全监管的前沿阵地。截至2020年12月，全区"三品一标"农产品获证总数达2 344个，其中无公害农产品1 499个、绿色食品533个、有机农产品158个、农产品地理标志154个，总面积222.25万公顷，产量4 632.63万吨，其中农产品地理标志数量排名全国第5位。大力推进农业标准化体系建设，截至2019年底，广西现行有效的农业地方标准共1 068项，其中种植业740项，稻田综合种养"三江模式"入选首批国家农业标准化示范区典型案例。通过大力示范推广农业标准化生产，有效推进了全区现代特色农业绿色发展。

三、广西农业绿色发展存在的问题短板

（一）农业资源环境制约

土地是农业生产最基本的生产资料，广西主要是山地、丘陵、台地、平原等地貌，其中山地面积（海拔 400 米以上）占 39.7％，丘陵（海拔 200～400 米）占 10.3％，石山占 19.7％，台地（海拔 200 米以下）占 6.3％，平原占 20.6％，水面占 3.4％，土地对农业绿色发展的制约日益突出。一是人均耕地面积少。截至 2019 年，广西总人口 5 695 万人，耕地面积 330.76 万公顷，人均耕地面积只有 0.058 公顷，只有全国平均水平的 64％，不到世界平均水平的 30％，接近联合国 0.053 公顷的人均耕地警戒线。二是耕地面积急剧减少。随着城市的快速发展，广西用地需求量逐年增加，导致广西耕地面积不断下降，由 2017 年的 438.75 万公顷下降到 2019 年的 330.76 万公顷，两年减少 107.99 万公顷，且耕地质量总体不高，中低产田占比超过 70％。三是石漠化现象仍然严峻。广西岩溶土地面积达 8.33 万平方公里，占广西土地总面积的 35.1％，虽然广西石漠化治理成效显著，但环境承载力十分有限，广西仍是全国石漠化最严重的地区之一。根据全国岩溶地区第三次石漠化监测结果，广西岩溶地区石漠化土地总面积为 153.29 万公顷，占全区总面积的 6.5％，涉及河池、百色、桂林、崇左、南宁、来宾、柳州、贺州、贵港等 9 市 76 县（市、区），石漠化面积大、范围广的问题依然严峻。四是存在不同程度的水土流失现象。据统计，2020 年广西水土流失面积 3.85 万平方公里，占广西土地面积的 16.2％。其中轻度 2.60 万平方公里，占 67.5％；中度 0.63 万平方公里，占 16.4％；强烈及以上 0.62 万平方公里，占 16.1％。多种复合因素作用下，广西农业生态环境面临着巨大的挑战。

（二）农业生产方式仍较粗放

一方面，受资源环境限制，广西农业高投入、高消耗，主要依靠要素投入的粗放经营方式仍未得到根本改变。近十年来，广西农业生产过程中的化肥、农药使用强度一直处于较高的水平（图3），虽然"十三五"以来化肥、农药使用强度呈现下降趋势，但仍然远高于国际警戒线水平，广西农业面源污染治理形势依然严峻。另一方面，广西绿色发展技术集成创新不够，农业科技资源较分散，推广应用不足，未能形成较强的科研合力，导致广西农业科技在支撑现代农业转型方面后劲不足。2020年广西主要农作物耕种收综合机械化率65.54%，低于全国71.25%的平均水平，农业科技进步贡献率低于全国平均水平10个百分点。农田灌溉水有效利用系数低于全国0.559的平均水平。根据《中国农业绿色发展报告2020》，广西两个国家农业绿色发展先行区的2019年绿色发展指数均未进入全国前40名行列（截至2019年，全国共有81个国家农业绿色发展先行区），粗放的农业生产方式制约了广西农业绿色发展。

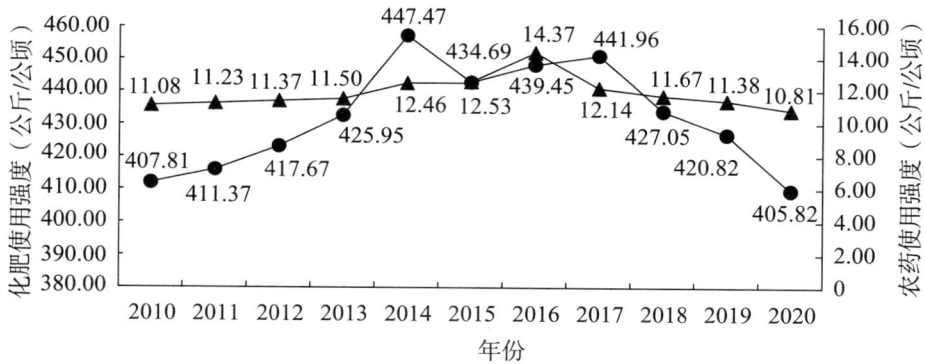

图3 2010—2020年广西化肥、农药使用强度情况

（三）农业规模经营程度低

农业适度规模经营是整合农业生产要素，促进农业绿色化、标

准化、产业化发展的重要途径。随着环境规制的不断加强，农业产业集聚、规模化发展能合理有效配置化肥、农药、机械等生产要素投入，对农业绿色发展起着明显的正向推动作用。近年来，广西深入贯彻落实国家有关政策，大力推进农业适度规模经营，现已全面完成农村承包地确权登记，颁证率达 98.42%，土地流转面积占二轮承包面积的 42.5%，但与先进省份相比，土地资源没有得到有效盘活利用，广西农业经营仍以小农户经营为主，适度规模经营程度不高。据全国第三次农业普查资料显示，广西经营户达到875.88 万户，但规模化农业经营户仅 7.75 万户，占比为 0.88%，远低于 1.9% 的全国平均水平。

（四）财政支持力度不强

一是财政对农业总体投入不足。绿色农业具有社会效益和生态效益的外溢性，具有一定的公共产品属性，外部效应突出，因此需要一定的财政投入予以支持。从表 2 中可以看出，广西农林水事务支出逐年上涨，2020 年较 2010 年增长了 247.49%，但农林水事务支出占一般财政支出的比例只增长了 12.96%，两者增长速度明显不匹配不协调。近十年来，广西农林水事务支出占农林牧渔总产值的比例虽逐年上涨，但均低于全国平均水平。可见，广西整体农业财政投入水平力度不足，制约了农业绿色转型发展。二是财政支持生态环境保护的力度不够。由表 3 可以看出，广西节能环保支出虽然逐年增加，但除个别年份外，广西节能环保支出占一般财政支出比例及占 GDP 比例均低于全国平均水平，投入力度有所不足。世界银行研究指出，当节能环保支出占 GDP 的比例达到 1%～1.5% 时，环境污染的状况可得到基本控制；当这一指标达到 2%～3% 时，环境质量可得到改善。反观近十年来广西这一指标，最大值为 2010 年的 0.75％，尚未达到世界银行提出的基本控制污染的最低水平。**三是农业生态补偿机制不完善。**目前，广西农业生态补偿制度不健全，补偿标准、方式和范围不尽合理，补偿投入不足、落实不到位，没有形成稳定长效的农业生态补偿机制。如当前广西秸秆综合利用在生态补偿政策方面缺乏普惠性奖补措施的制约，测土配方施肥补贴项目还没有全面普及，农业经营主体使用生物有机肥、低毒农药、可降解农膜、清洁能源等生态环保生产措施而受到经济上的损失得不到有效补偿。

表 2　2010—2020 年广西农林水事务支出情况

年份	广西一般财政支出（万元）	广西农林水事务支出（万元）	广西农林水事务支出占一般财政支出比例（％）	广西农林水事务支出占农林牧渔总产值比例（％）	全国农林水事务支出占农林牧渔总产值比例（％）
2010	20 075 907	2 602 616	12.96	9.56	12.00
2011	25 452 778	3 148 555	12.37	9.47	12.61
2012	29 852 261	3 690 650	12.36	10.57	13.87
2013	32 086 656	3 718 964	11.59	9.90	14.33
2014	34 797 922	3 912 868	11.24	9.91	14.49
2015	40 655 144	4 975 252	12.24	11.85	17.06
2016	44 417 035	5 734 793	12.91	12.58	17.46
2017	49 085 507	6 468 687	13.18	13.77	17.46
2018	53 107 410	6 565 799	12.36	13.37	18.56
2019	58 509 609	7 472 063	12.77	13.59	18.44
2020	61 794 664	9 043 764	14.64	15.29	17.38

表 3　2010—2020 年广西节能环保支出情况

年份	广西一般财政支出（万元）	广西节能环保支出（万元）	广西节能环保支出占 GDP 比例（%）	全国节能环保支出占 GDP 比例（%）	广西节能环保支出占一般财政支出比例（%）	全国节能环保支出占一般公共支出比例（%）
2010	20 075 907	639 887	0.75	0.59	3.19	2.72
2011	25 452 778	538 979	0.52	0.54	2.12	2.42
2012	29 852 261	600 090	0.53	0.55	2.01	2.35
2013	32 086 656	642 258	0.52	0.58	2.00	2.45
2014	34 797 922	839 981	0.62	0.59	2.41	2.51
2015	40 655 144	986 801	0.67	0.70	2.43	2.73
2016	44 417 035	906 993	0.56	0.63	2.04	2.52
2017	49 085 507	851 119	0.48	0.68	1.73	2.77
2018	53 107 410	794 489	0.40	0.69	1.50	2.85
2019	58 509 609	998 405	0.47	0.75	1.71	3.09
2020	61 794 664	1 007 442	0.45	0.62	1.63	2.58

四、促进广西农业绿色发展的对策建议

（一）倡导绿色的资源利用方式

1. 严守耕地红线。落实最严格的耕地保护制度，强化永久基本农田特殊保护意识，着力加强耕地数量、质量、生态"三位一体"保护，牢牢守住耕地红线和永久基本农田控制线。加强国土空间规划管控和用途管制，强化用地预审，严禁违规占用耕地绿化造林、挖湖造景、挖塘养鱼、建房造村，坚决遏制耕地"非农化"、防止"非粮化"。加强和改进耕地占补平衡管理，杜绝占优补劣、占水田补旱地，严格新增耕地核实认定和监管，严格控制新增建设占用耕地。管控沿海滩涂等区域开垦耕地行为，禁止毁林毁草开垦耕地。

2. 加强耕地质量建设。 实施新一轮高标准农田建设规划，推动区域内优质耕地应划尽划，提升建设标准、质量和管护水平。优先在永久基本农田上开展高标准农田建设，提升永久基本农田综合生产能力。加强耕地质量保护与提升，开展农田整治、石漠化耕地整治、退化耕地综合治理、污染耕地阻控修复等，加速土壤熟化提质，开展秸秆还田、种植绿肥还田、测土配方施肥，强化土壤肥力保护。强化海陆统筹，逐步实现盐碱地压盐改良。建立健全耕地质量调查监测与评价制度。定期对全区耕地和永久基本农田质量水平进行全面评价并发布评价结果。

3. 提高农业用水效率。 加强农田水利设施建设，实施大中型灌区续建配套和现代化改造，加快推进桂中、桂西北和左江三大旱片大型灌区建设。大力发展节水农业和旱作农业，集成推广工程节水、品种节水、农艺节水、管理节水等技术。推广深耕深松、保护性耕作、水肥一体化技术等生产模式，优先在生态脆弱区、粮食生产功能区、重要农产品保护区、特色农产品优势区和各类国家级、自治区级农业园区等重点区域配套建设渠道防渗、低压管道输水、喷灌等节水设施，建设一批高标准节水农业示范区。加强农业用水管理，严格灌溉取水计划管理，严格控制地下水利用，完善主要农作物灌溉用水定额，指导科学灌溉，提高农民节水意识。

4. 加强农业种质资源保护利用。 全面摸清广西农作物、畜禽、水产、林草、农业微生物等种质资源家底，做到应收尽收、应保尽保，抢救性收集一批地方特有品种资源。加强种质资源保护基础设施建设，高标准规划建设一批国家级和自治区级农林牧渔种质资源圃（场、库、区），建立种质资源保存、鉴定、共享机制。加强地方畜禽品种遗传物质采集和基因库建设，加强水生生物资源保护，强化重点水域渔政执法。加强种质资源自然原生境保护，重点推进自治区级野生稻原生境保护点建设。加强外来入侵物种防控，在边境地区和主要入境口岸、粮食主产区、自然保护地等重点区域布设外来物种入侵监测站，强化外来入侵物种普查和预警。

（二）推广绿色的农业生产方式

实施农业生产品种、品质、品牌、标准化等"三品一标"行动，推行绿色化、标准化生产方式，将传统农业的"资源—产品—废弃物"线性物质流动方式转变为现代农业的"资源—产品—废弃物—再生资源"循环流动方式，从而使资源得到最佳配置，农业废弃物得到有效利用，农业生产环境污染降低到较低水平，实现农业节本增效。第一，规范农业生产资料生产行为，严格要求化肥生产企业根据农业农村部测土配方施肥工程所提供的土壤肥力信息，生产满足区域需要的肥料；加大生物农药生产技术的推广力度，从源头上杜绝剧毒农药的生产，以减少对农产品及其生产环境的污染；大力推广可降解薄膜生产技术，以减少白色污染；在饲料生产方面，杜绝铜、锌、砷等重金属元素的添加，以减少随养殖废弃物进入土壤或水体对其造成重金属污染。第二，科学使用农业投入品，持续推进化肥农药减量增效，切实降低广西化肥农药使用强度。全面推广测土配方施肥，选择重点县（市、区）开展有机肥替代化肥试点。实施绿色防控替代化学防治行动，发展绿色植保，集中连片、整体推进专业化统防统治与绿色防控融合发展。第三，构建生态循环农业生产体系。在规模化种养区域，构建以农作物生产为基础的循环农业体系，实现种养业协调发展，使养殖业为种植业提供有机肥，种植业为养殖业提供饲料，实现区域内种养循环。创新推广"微生物+"生态养殖，支持发展稻鱼共生等生态综合种养。强化农膜、农药包装物回收利用，推动农作物秸秆、畜禽粪污等资源化利用。第四，推动建设农业标准化、精细化生产管理体系，建立完善农业标准体系、农业标准推广应用体系、农业标准化保障体系、农业标准实施监督体系，构建涵盖产前、产中、产后全环节的标准体系。

（三）培育绿色的供给消费模式

农业绿色发展的落脚点是绿色优质农产品的供给和消费，促进农产品供给由主要满足"量"的需求向更加注重"质"的需求转变，以满足人民群众不断增长的绿色农产品的需求。第一，培育绿色消费观念，利用报纸、杂志、网络等多种途径宣传绿色消费理念，利用财政、税收等经济手段加强引导和支持，鼓励公众绿色消费，推动农产品消费绿色化。第二，大力推进绿色食品产业供给侧结构性改革，将绿色农产品生产作为重点，推进农产品加工行业绿色转型，完善冷链物流，建立健全农产品绿色流通体系，扎实推进绿色农产品、绿色食品生产基地建设，建立农产品质量可追溯平台，对农产品生产实行全程全面质量监控和质量安全风险管控。第三，大力实施绿色、有机农产品品牌战略。强化环境标志、有机食品和节能产品认证，试行食用农产品达标合格证制度，持续推进绿色、有机、地理标志农产品建设认证，大力发展"富硒"农产品，持续推动"广西好嘢"农产品品牌建设。第四，发展农业绿色服务业。发挥广西生态优势，在严格保护生态环境的前提下，鼓励和支持发展休闲农业和乡村旅游，将文化、科技、教育、康养等产业与农业生产深度融合，延长产业链，实现农业农村绿色经济的发展。

（四）构建绿色的农业布局体系

1. 优化农业生产空间布局。空间布局的绿色化是实现农业绿色发展的基础前提，按照"宜农则农、宜牧则牧、宜渔则渔、宜林则林"的原则，促进现代生产要素集成应用，建立一个同农业资源环境和生产生活生态相协调的农业发展格局。强化国土空间"多规合一"，统筹山水林田湖草生命共同体，优化农业与非农业空间及生态空间布局，落实生态保护、基本农田、城镇开发等空间管控边界，合理规划工业用地和城镇发展建设用地，控制经济发展、城市建设对耕地的占用，切实发挥农业的生产功能和景观生态功能。优化农业功能区划与生产空间布局，科学合理划定优化发展区、适度发展区、保护发展区等不同功能区，推动农业生产向优化发展区、适度发展区转移，推进建设桂北、桂中盆地、浔郁平原、南流江三角洲、右江河谷、桂西南 6 大农业主产区。加快推进粮食生产功能区、糖料蔗等重要农产品保护区和特色农产品优势区划定建设，打造一系列品种丰富、集群发展、绿色高效的特色农产品优势区和优势特色产业集群。

2. 优化农业产业结构。深化农业供给侧结构性改革，优化农林牧渔等各农业生产部门结构，构建科学合理的现代农业产业体系，推动农业绿色高质量发展。建立实施农业产业准入负面清单制度，根据不同地区、不同物种生产实际和需要，因地制宜制定禁止和限制发展产业目录，明确种养的方向和开发强度，强化准入管理和底线约束。加速推动农业内部融合，以循环发展理念优化农业种养结构，推进要素集聚、企业集中、功能集合，促进农牧结合、农林结合，农业资源循环利用，加速农业绿色发展。加快推进一二三产业融合发展，发展农业新业态，构建完善的农业绿色产业链。推动农产品加工业、生产性服务业向农业延伸，提升完善农产品加工与流通体系，发展农产品多级系列加工，实现农产品加工减损、梯次利用和循环发展。积极发展产地初加工、地产地销等产业形态，推进农产品在当地加工转化，减少农产品仓储流通损耗。大力发展数字农业，推动互联网、大数据、云计算、物联网同现代农业的融合，推动农业标准化、数字化、智能化和精准化生产。

3. 培育壮大新型农业经营主体。支持专业大户、家庭农场和农民合作社等新型农业经营主体加快发展，形成更加稳定、更加理性、更加多元的适度规模经营主体，有序推进"小块并大块""土地托管"等多种形式农业适度规模经营。大力扶持农业大户，引进和培育高素质农民，推进农业主体向职业化方向发展。鼓励发展家庭农场，推动家庭农场转变为具备法人资格的市场经营主体，支持种养大户组建家庭农场。提升发展农民专业合作社，鼓励发展农民专业合作社联合社和农业产业化联合体，提高合作社的市场竞争力和风险抵抗能力。培育农业产业化龙头企业，建立农业技术水平高、科技创新和转化能力强的企业集群，推动农业产业集聚和全产业链经营，带动农村产业融合发展。引导新型农业经营主体发展绿色生态农业，引领示范标准化农业生产。发展农业社会化服务经营主体，健全农业社会化服务体系，发展半托管、全托管、土地流转、代耕代种等服务，促进农业适度规模经营。

4. 加强农业园区建设。深入实施现代特色农业示范区高质量建设行动，按照国家农业现代化示范区标准，梯次推进现代农业示范园区升级，争创一批农业现代化示范区、现代农业产业园、科技园、农村产业融合示范园等国家级、自治区级产业平台。逐步完善农业园区生产、加工、销售、物流配送等配套服务，强化农业园区科技创新驱动，切实把现代农业园区建设成农业绿色发展的引领区和先行区。推动农产品标准化示范园区建设，积极创建国家农产品质量安全县，全力提升农产品在质量安全和生产管理方面的水平。持续推进钟山县、田东县国家农业绿色发展先行示范区建设，争取更多县市进入国家农业绿色发展先行示范试点建设行列。

（五）健全绿色的发展支撑体系

1. 提升科技保障。从科技进步角度看，农业绿色转型的实质是用现代科学技术改造传统农业，使技术创新嵌入农产品生产、加工、流通等各环节，通过科技手段实现农业增产增收，并提升农业全产业链的绿色度。推进广西农业绿色发展，要切实补上农业科技短板，依靠科技进步增加农业产出和减少资源损耗。强化产学研结合，加快农业绿色发展技术集成创新与示范推广，围绕农业高效节水、精准施肥用药、废弃物资源化利用、农业循环生产、面源污染防治等绿色生产技术加强科技攻关与应用示范。落实"碳达峰""碳中和"的双碳要求，研发推广农业生产过程温室气体减排技术，研发推广应用智能化绿色农机设备、屠宰加工及储运节能设备，推动农业固碳减排。加强公益性农技服务体系建设，大力培育掌握一定科学技术的现代农民，夯实农业绿色发展的人力基础。优化社会创新环境，推动有条件的农业经营主体与高校、科研院所形成利益共同体，形成政科企协同的科技创新格局，促进科研成果转化落地。

2. 加强资金保障。加强财政支农力度，强化农业农村优先发展投入保障，将农林水事务支出及节能环保支出作为预算支出及新增财力倾斜的重点，建立与财政收入、GDP 增长速度相匹配的投入稳定增长机制。引导社会金融资本、金融服务进入农业绿色发展领域，进一步满足农民对农业绿色转型的金融服务需求。加大财政对资源节约型、环境友好型农业发展的支持力度，发展生态循环农业生产模式，建设生态循环农业示范区，推进畜禽粪污资源化利用、秸秆等农业废弃物综合利用，重点支持建设一批水稻、糖料蔗、水果等广西优势特色产业综合循环利用项目。加大财政对绿色农产品生产基地的投入力度，打造一批现代特色农业示范区和绿色有机农产品生产基地。

3. 完善农业生态补偿机制。探索建立多元化的生态补偿机制，鼓励农业经营主体使用生态环保的农业生产方式。加大财政对生态补偿的支持力度，特别是水稻、糖料蔗、生猪等广西具有较大规模的种养领域，加强对使用低毒生物农药、有机生物肥、可降解农膜、种植绿肥与土地轮作休耕、农业废弃物资源化能源化综合利用等的长效补贴。试点实行化肥、农药、农膜限额使用政策，对因限额使用所造成的经济损失给予补贴补偿。科学核算全区农业碳源与碳汇量，探索建立农业碳汇交易制度，发展农业碳交易市场，碳交易收益优先用于支持农业绿色发展。优化农业生态补偿标准，根据生态功能区、环境敏感区等地区差异制定相应的补偿标准。如在农业资源丰富、生态环境较好的地区，优先补偿有机农业、绿色农业、生态农业；在农业资源缺乏、环境质量较差的地区，特别是石漠化地区，则优先考虑生态修复、污染防治等方面的补贴。因地制宜，逐渐推进不同区域农业绿色发展的生态补偿标准建设。

4. 加强区域合作。在生产、技术、污染治理等领域加强区内外合作交流，加快农业绿色转型步伐。加强农业生产合作。抢抓西部陆海新通道、"一带一路"、区域全面经济伙伴关系（RCEP）等机遇，面向粤港澳大湾区等发达地区市场需求，创建"粤港澳大湾区'菜篮子'生产基地"等绿色有机农产品生产基地，生产高品质绿色生态有机农产品，以消费刺激生产。加强技术合作与交流。向江浙等农业绿色发展先进地区学习绿色农业发展模式，因地制宜促进自身发展。政府牵头与发达地区建立科技对口衔接渠道，组织学习，协同创新，共同分享科技成果，提高农业科技创新能力。加强污染治理合作。农业面源污染具有很强的空间相关性和流动性，要进一步加强与周边省市、边境接壤国等建立污染治理合作机制，共同实施农业面源污染防治。

广西地理标志产业发展现状与对策研究

  地理标志（Geographical Indication）是指标示某商品来源于某地区，该商品的特定质量、信誉或者其他特征，主要由该地区的自然因素或者人文因素决定的标志。目前我国地理标志主要有地理标志保护产品、地理标志商标（含证明商标和集体商标）和农产品地理标志三种。三者之间在使用和管理上有着较大差别。目前共有三个国家部门对地理标志进行注册、登记和管理，其中地理标志保护产品归国家知识产权局管理，地理标志商标归国家知识产权局商标局管理，农产品地理标志归农业农村部管理。

  地理标志作为重要的知识产权，是促进区域特色经济发展的有效载体，更是推进乡村振兴的有力支撑。党中央、国务院高度重视地理标志保护工作，对地理标志保护工作作出了一系列重要部署。2021 年，中共中央、国务院印发《知识产权强国建设纲要（2021—2035 年）》，明确提出要推动地理标志与特色产业发展、生态文明建设、历史文化传承以及乡村振兴有机融合，提升地理标志品牌影响力和产品附加值。

一、地理标志产业发展对乡村振兴的重要意义

乡村振兴是党中央、国务院着眼于实现"两个百年"奋斗目标，顺应亿万农民对美好生活的向往作出的重大战略部署，是新时代"三农"工作的总抓手。地理标志产业在打造特色农业产业、促进农业经济发展、助推乡村振兴战略实施等工作中具有重要意义。

1. 促进农业高质高效，推进农业供给侧结构性改革。加强农业供给侧结构性改革，核心在于提高农业供给体系质量和效率。地理标志产品品质优良、特色鲜明、美誉度高，具有显著比较优势和市场竞争力。推进地理标志产业的高质量发展，增加地理标志产品有效供给，积极发展特色产业，有利于发挥好农业适度规模经营的引领作用，以重点突破带动整体提升，满足多元需求，推动消费升级，促进农产品向高水平供需平衡跃升。

2. 促进农民富裕富足，巩固拓展脱贫攻坚成果。因地制宜发展特色产业，是巩固脱贫成果的根本之策，也是推进乡村振兴的关键之举。地理标志代表特定区域共同利益，更有利于建立稳定的利益联结机制，促进产业规模化、集约化和品牌化发展，吸纳更多农村人口就业。以地理标志为纽带，凝聚各方力量共同推动特色产业发展，是促进乡村产业兴旺的重要手段，也是持续增强脱贫地区造血功能、实现兴农富农的长远之计。

3. 促进乡村宜居宜业，充分激发乡村发展活力。地理标志是区域文化和形象的代表符号和传承载体，具有深厚的人文历史底蕴。将地理标志产业发展与生态旅游建设、历史文化传承等有机融合，统筹推进地域自然和文化资源的科学经营，有利于充分发挥农业产业供给、生态屏障、文化传承等功能，不断优化农村生产生活

生态空间，激发乡村发展活力。

二、广西地理标志产业发展现状

广西属亚热带季风气候区，具有独特的地理位置、自然环境和人文条件，农产品资源丰富。针对地理标志注册、运用、管理和保护，广西大力实施商标品牌强桂战略和商标品牌强桂三年行动计划，制定商标品牌助力精准扶贫措施，实施地理标志农产品保护工程，出台商标品牌奖励补助暂行办法、"三品一标"农产品专项补贴等政策，广西的地理标志产业得到迅速发展。

（一）地理标志登记注册情况

截至"十三五"末，我国累计保护地理标志产品 2 391 个，地理标志专用标志使用市场主体达 9 479 家，以地理标志作为集体商标、证明商标注册达 6 085 件，专用标志使用市场主体年直接产值超 6 000 亿元。2000 年，荔浦芋作为广西第一件地理标志保护产品获得注册。截至 2022 年 3 月 31 日，全国地理标志登记注册总数为 12 617 个，广西获批登记注册的地理标志产品为 345 个，占全国总数的 2.7％，低于全国的平均数（全国平均数为 394.3 个），在全国排第 19 位。其中，农产品地理标志 165 个、排全国第 6 位，地理标志保护产品 95 个、排全国第 9 位，地理标志商标 85 件、排全国第 25 位。此外，12 个地理标志农产品列入中欧地理标志协定清单、排全国第 9 位。恭城月柿、荔浦芋、百色芒果、富川脐橙等多个产品向 2 个或 3 个部门申请注册并获多重保护。

在地域分布上，广西 14 个地市地理标志的拥有量差异较大，分布不平衡，呈"西、北多，东、南少"态势，桂北的桂林和桂西的河池、百色在地理标志总数上稳居前三，桂南的崇左、北海和防城港在注册登记量上相对较少。

在保护范围上，广西绝大部分登记注册的地理标志产品地域范围以县为单位，如荔浦芋、富川脐橙等；少数产品将范围扩大到了市，如南宁香蕉、百色芒果、北海生蚝、北流荔枝等；而广西六堡茶和广西肉桂的地域范围则突破了市，成为广西地域范围最大的 2 个地理标志产品。

在产品分类上，广西地理标志产品类别以果蔬类和养殖类为主，涉及果蔬类、养殖类、粮油类、中药材类、工艺品类、肉或奶制品类、食品饮料类等类别。在登记的 165 个农产品地理标志中，果蔬类和养殖类占总数的 74.5%，其中果品和肉类产品分别以数量 49 个和 34 个位居前二，蔬菜、水产动物以数量 20 个并列第三，茶叶和粮食紧跟其后，蜂类、油料、食用菌产品则分别只有 1 个。

（二）地理标志使用情况及经济效益

2019 年以来，广西大力实施地理标志农产品保护工程，围绕全面推进乡村振兴加快农业农村现代化这一目标要求，创培了一大批全国地理标志和地方特色产业品牌。在全区推动形成"龙头企业、合作社＋地理标志＋基地＋农户"模式，促进特色产业与地理标志融合发展，带动就业 525.63 万人，惠及农户 130 万户。2021 年，广西地理标志产品年产值达 1 307.90 亿元，800 多家企业获得农产品地理标志用标授权，500 多家企业获得地理标志保护产品专用标志使用授权。越来越多的地理标志农产品成长为富民产业，广西地理标志产品助农、兴农、惠农作用得到有效发挥。地理标志的使用已成为广西农业发展和农民增收新的增长点，在推进县域经济发展等方面效用日益凸显。

柳州螺蛳粉于 2018 年获国家地理标志证明商标，短短几年，柳州螺蛳粉产业就实现了袋装螺蛳粉、配套及衍生产业和实体门店销售收入"三个百亿"。百色芒果自 2015 年获得农产品地理标志登记以来，品牌价值不断提升，多次入选国家地理标志产品百强榜，成为国家级农产品地理标志示范样板。2020 年百色芒果种植面积达 132 万亩，较 2014 年 66 万亩翻了一番，产量达 77 万吨。百色建成了全国最大的芒果生产基地之一，百色芒果成为当地的支柱产业和农民家庭经营性收入的主要来源，累计 6.8 万户 25.23 万人通过种植百色芒果实现脱贫，百色芒果助力脱贫获评全国首个特色优势产业带动精准脱贫范例。

（三）地理标志品牌推广情况

近年来，广西狠抓地理标志品牌宣传推广，通过搭建"互联网＋展会＋地理标志区域品牌"平台，支持和鼓励龙头企业、行业协会、专业合作社和种植大户通过网络宣传、展示，推广地理标志产品。积极举办广西名特优农产品交易会、广西地理标志农产品专题推介会，大力组织地理标志区域品牌参加全国农产品地理标志推介会、中国品牌日、中国国际商标品牌节等重大展会活动，不断拓展广西地理标志品牌国内外营销渠道，扩大广西地理标志品牌影响力，推动广西地理标志品牌"走出去"。

随着广西地理标志品牌的推广及地理标志产业的发展，广西地理标志产品品牌价值评价不断提高，多个产品相继入选中国品牌价值评价信息发布名单——区域品牌（地理标志产品）前 100 排行榜（表1），其中横县茉莉花茶等 6 个地理标志品牌入选 2021 年中国品牌价值评价区域品牌 100 强，品牌价值总计 414.5 亿元。横县茉莉花茶、横县茉莉花、昭平茶 3 个产品则连续 4 年荣登中国品牌价值评价前 100 排行榜。

表 1　2018—2021 年广西地理标志产品入选中国品牌价值评价信息
发布名单——区域品牌（地理标志产品）前 100 排行榜情况

年份	品牌名称及排位	数量（个）
2018	横县茉莉花茶（第 28 位）、横县茉莉花（第 63 位）、富川脐橙（第 74 位）、昭平茶（第 82 位）	4
2019	横县茉莉花茶（第 23 位）、横县茉莉花（第 53 位）、富川脐橙（第 56 位）、百色芒果（第 58 位）、坭兴陶（第 62 位）、昭平茶（第 71 位）、融安金桔（第 97 位）	7
2020	横县茉莉花茶（第 22 位）、横县茉莉花（第 59 位）、昭平茶（第 79 位）、阳朔金桔（第 81 位）、陆川猪（第 93 位）	5
2021	横县茉莉花茶（第 23 位）、百色芒果（第 45 位）、横县茉莉花（第 61 位）、阳朔金桔（第 91 位）、昭平茶（第 93 位）、容县沙田柚（第 99 位）	6

在 2021 年 3 月 1 日正式生效的中欧地理标志协定中，首批中国 100 个受欧盟保护的地理标志中，广西百色芒果、横县茉莉花茶和桂平西山茶 3 个地理标志产品入选；而桂林罗汉果、覃塘毛尖、宜州桑蚕茧、梧州六堡茶、凌云白毫、融安金桔、北海生蚝、博白桂圆、姑辽茶等 9 个广西地理标志产品也成功入选第二批中欧地理标志保护清单。此外，南宁火龙果、灵山荔枝、桂林罗汉果、宜州桑蚕茧等地理标志产品也纷纷走出国门，开拓海外市场，广西地理标志的国际知名度和品牌价值得到稳步提升。

三、广西地理标志产业发展存在的问题

地理标志为推动广西农业区域品牌建设、促进广西乡村振兴作出了积极贡献，但与国内先进省市相比，资源挖掘不够、注册总量少、市场监管有待加强、品牌建设成效不明显、产业发展不均衡等问题仍是制约广西地理标志产业发展的重要因素。

1. 资源挖掘不够，注册数量偏少。广西 14 个地市自然条件、历史人文因素、经济发展水平和产业结构不同，对地理标志资源的挖掘程度也不同，这使广西地理标志发展出现不平衡。近年来，广西地理标志培育发展工作虽然持续加快推进，但目前拥有的地理标志总量尤其是地理标志注册商标的数量偏少，远低于全国平均数，也与云南、贵州、湖南、广东等相邻省份差距较大，在全国处于中等偏后的行列。

2. 品质难以得到持续保障，市场监管有待完善。独特的品质是地理标志的价值核心，也是其市场竞争优势。地理标志的注册和保护，目的是保障地理标志产品的品质、增强其市场竞争力从而带动地理标志产业发展。目前广西地理标志产品的标准数量较少，标准体系尚未形成。同时，由于缺乏科技支撑，地理标志产品品质难以得到持续保障。广西大部分地理标志产品产业化、规模化程度不高，相关保护监管制度不够完善，政府监管难以到位，许多地理标志产品面临假冒伪劣问题，少数生产者为获取更大利润，粗制滥造、以次充好，致使品牌名誉受损。

3. 品牌建设力度不足，产业发展不均衡。地理标志品牌建设和推广对促进地理标志产业发展具有重要作用，需要政府及各市场主体多方共同发力。近年来，柳州螺蛳粉、百色芒果、横县茉莉花茶等地理标志产业发展迅速，品牌价值不断提高，成为广西特色农产品的亮丽名片。但从总体上看，广西地理标志品牌价值评价还不够高，区域品牌影响力参差不齐，地理标志产业发展不均衡，品牌建设力度仍待加强。部分地理标志注册后未能进一步挖掘产品的经济效益，存在"重注册、轻使用"现象。同时由于地理标志持有主体及生产者品牌意识薄弱，对地理标志专用标志使用重视不够，使部分地理标志品牌市场影响力和占有率不高。附加值低、产业链短、经济效益低成为制约广西地理标志产业发展的普遍问题。

四、促进广西地理标志产业高质量发展的路径与对策

（一）加大地理标志资源挖掘和登记注册力度

广西农产品资源丰富，潜在的地理标志资源还有很大的挖掘空间。实施潜在地理标志保护资源摸底行动，摸清符合地理标志保护要素，有产业规模、发展潜力、文化底蕴、历史传承的区域优势特色产品资源状况，围绕广西各区域具有独特品质的产品，建立潜在地理标志保护资源数据库，加大培育和登记注册力度，使更多的广西特色产品获得地理标志保护。

（二）提升地理标志保护和管理水平

一是不断加强地理标志规划政策引领。结合广西实际，研究制定地理标志相关产业和区域发展规划。优化政策导向，加大扶持力度，继续围绕地理标志产品质量管理、品牌推广、产业促进等方面出台扶持政策措施。

二是建立健全地理标志协同工作体系。建立知识产权、乡村振兴、市场监管、发展改革、财政、商务、农业、林业、文化旅游等多部门工作协调机制，实现政策协同、业务联动和信息共享。健全政府部门与地理标志行业协会、龙头企业等各类市场主体间的有效

联动机制，形成行业协作合力。

三是强化地理标志产地质量管控。加强应用标准、检验检测、认证等质量基础设施建设，完善地理标志产品标准体系建设，保障地理标志产品质量和品质，构建政府监管、行业管理、生产者自律的质量保证体系，落实地理标志产品生产者主体责任，加大对生产经营主体的培训力度，加强地理标志相关产品标准的实施应用和示范推广，提高地理标志产品生产者质量管理水平。

四是强化地理标志保护监管。结合地理标志产品的区域性、季节性等特点，加强重点地理标志执法保护。加强对擅自使用地理标志生产、销售等违法行为的执法力度，严格规范在营销宣传和产品外包装中使用地理标志的行为。

（三）加强地理标志品牌建设

一是强化地理标志品牌效应。加强地理标志品牌培育规划，打造一批品质优越、市场占有率高、经济效益好、有较高知名度的地理标志品牌。围绕广西地理标志产业和区域加强地理标志品牌培育指导，加强对市场主体商标品牌注册、运用、管理、保护与推广的指导和服务，增强市场主体商标注册意识，提升其商标运用能力，建立健全商标品牌管理制度，强化商标维权保护。

二是提升地理标志品牌价值和影响力。加强地理标志品牌宣传推广，不断拓展地理标志品牌营销渠道，提高广西地理标志品牌国内外影响力。积极开展产业和区域地理标志产品综合展示交易，举办地理标志品牌推介、产品产销对接等线上线下活动。支持研究地理标志品牌运营，强化品牌研究、品牌设计、品牌定位和品牌沟通，构建完善的地理标志品牌经营管理体系。重点遴选一批优质地理标志，深挖产品价值和历史人文故事，打通市场调研、产品开发、商标注册、品牌策划推广等链条，集中力量、精耕细作、量身塑造品牌形象，彰显品牌价值。

（四）推进地理标志产业链发展

一是加强地理标志产业技术创新支撑。支持和鼓励高校及科研院所围绕地理标志产业链开展关键核心技术攻关，助力解决种源、种植、储藏、加工等技术难题。

二是建立健全地理标志相关产业发展推进体系。根据广西各区域产业特点和实际需求，综合发挥地理标志的独特优势，形成以地理标志产品生产为主导，带动种植（养殖）、储藏、加工、运输、销售、文化旅游等产业联动发展新格局，推动形成具有规模效应和集聚效应的区域品牌和产业集群。

三是强化地理标志市场主体惠益共享。大力发展各类地理标志产业联合体，建立协会、企业、生产者等各主体之间的利益分享机制，培育以地理标志龙头企业为主的新型联合经营主体，发展符合乡情村情的"企业＋地理标志＋农户"等多种形式利益联结，延伸产业链条，提高市场主体的抗风险能力，实现地理标志产业化带动区域特色经济发展。

四是推动地理标志产业实现跨界融合发展。推进"地理标志＋"发展模式，促进地理标志与生态旅游、文化创意、互联网、电子商务等领域跨界融合，实现经济效益的多行业联动提升。积极延伸产业链条、培育产业群体、扩大产业覆盖、增强产业韧性。

广西农业产业化发展现状及对策建议

农业产业化是我国农业经营体系的重要组成部分，是现代农业的主攻方向。推进广西农业产业化发展，是发挥广西农业大省区优势、加快推进现代特色农业高质量发展的关键所在。

一、广西农业产业化发展的总体情况

近年来，广西认真贯彻落实中央和自治区关于"三农"工作的各项方针政策，把提高农业综合生产能力和促进农民持续增收作为"三农"工作的重要内容，把推进农业产业化经营作为重要切入点，采取"公司＋合作社＋基地＋农户"等多种形式，政策引导、资金扶持、技术服务等多管齐下，实施精深加工、搞活流通、扩大出口等多措并举大力推进农业产业化发展，全区呈现产业集群发展壮大、绿色特色农业产业基地不断涌现、农业龙头企业经营领域不断拓展和产业链持续延伸的良好势头。

一是特色产业加快发展，农户增收明显。按照自治区党委提出的"前端有技术支撑，中端有组织带动，后端有市场保障"要求，各级各部门大力培育壮大农业产业化龙头企业，扎实推进现代特色农业建设。经过多年发展，全区农业产业化龙头企业中，年销售额亿元以上规模农产品加工企业 365 家、超 10 亿元的 114 家、超 50

亿元的 2 家、超 100 亿元的 1 家。农业龙头企业已覆盖全区 "10＋3" 现代特色农业产业，有力带动第一产业发展和农户增收，广西糖料蔗、水果、桑蚕、秋冬菜、优质鸡、近江牡蛎、罗汉果、茉莉花等优势特色产业规模稳居全国第一。水果、蔬菜（含食用菌）总产值均超过 1 000 亿元；水果总产量达 2 147 万吨。通过 "公司＋合作社＋基地＋农户" 的经营模式，将农业龙头企业与农户的利益紧密联结起来，相对稳定的产品购销体系有力促进了农户稳定增收。全区各级农业龙头企业与农户签订年订单总额达 456 亿元，年履约订单成交额 430 亿元，带动农户增收 77 亿元，比按市场价收购多为农民创收 16 亿元。

二是农业产业化联合体带动效应渐显。 2019—2021 年的三年间，广西争取获中央资金 15 465 万元，通过项目扶持引导培育农业产业化联合体总数达 243 个。"公司＋合作社＋基地＋农户" 的经营模式使企业与农户的利益联系更加紧密，全区 1 453 家农业产业化重点龙头企业年订单额达 455 亿元，带动农户增收 77 亿元。仅从获得 2021 年提前批资金扶持的 115 个联合体来看，带动企业达 170 家、农民合作社达 292 个、家庭农场达 37 个、专业大户达 783 户。联合体在促进广西农村一二三产业融合发展，带动农户脱贫致富和助推乡村振兴战略实施等方面发挥了重要作用。

三是产业链条逐步延伸，效益不断提高。 2020 年底，广西规模以上农产品加工业总产值超 7 600 亿元，比上年同期增长约 10％，主要农产品加工转化率 57％，比 2019 年提高约 10％，农产品加工业与农业总产值比约为 1.50：1；建立各级农产品加工集聚区 86 个；全区休闲农业与乡村旅游接待游客约 9 000 多万人次，同比增长 20％；产业总收入超过 330 亿元，同比增长 18％。龙头企业牵头成立的农业产业化联合体，通过 "订单保底收购＋二次利润返还＋股份分红"的利益联结机制、"公司＋合作社＋家庭农场＋农户"的经营模式使企业与农户的合作更加紧密。2020 年，龙头企业与农户订单成交额 430 多亿元，带动农户增收 77 亿元。

四是品牌效应逐渐显现，影响力大幅提升。2021 年，广西 105 家重点龙头企业通过 ISO9001、HACCP、GAP、HHP 等质量体系认证，74 家获得省级以上名牌产品或著（驰）名商标认证。全区百色芒果、桂平西山茶等 35 个农产品品牌获中国政府与欧盟互认，互认产品数位居全国第四。广西农产品品牌影响力、美誉度大幅提升，已评选"广西好嘢"农业品牌共 4 批 411 个，11 个上榜首批中国农业品牌目录，品牌总价值超过 2 500 亿元，带动农村人口就业 856 万人次。

二、当前广西农业产业化发展存在的主要问题

广西农业产业化工作中存在不少薄弱环节和不足，主要体现在以下四方面：

一是农业龙头企业数量偏少，规模偏小。2021 年，全区国家级农业产业化重点龙头企业 38 家，仅占全国 1 542 家总数的 2.5%，排名全国第 22 位，自治区级以上农业产业化重点龙头企业 279 家（含国家级），市级以上农业产业化重点龙头企业 1 499 家（含国家级和自治区级），国家和自治区级农业产业化重点龙头企业数量明显偏少。从企业规模看，全区年销售收入超 100 亿元的企业仅有 3 家，而山东省是 10 家，同是西部省区的四川省是 4 家；全区 1/4 以上的农业产业化重点龙头企业年销售收入不足亿元。

二是农产品加工水平低，集聚效应不明显。全区农产品加工业产值与农业产值之比仅为 1.62∶1，与全国平均水平 2.2∶1 相比

还有较大差距；农产品加工转化率为 65％ 左右，低于全国平均水平 3 个百分点。农产品加工业主要集中在一些能耗高、产业链短、附加值低的产业，果蔬采后商品化处理率仅为 20％ 左右，产前缺乏适宜加工的专用品种和高品质的加工原料，采后损失大，产后处理缺少高层次的第二、第三次精深加工，农产品增值幅度不大，利润率低，加工转化率与广西丰富的农产品资源优势不相匹配。农业龙头企业以分散经营居多，各地以农业龙头企业为基础建设的农产品加工集聚区 110 个，其中自治区级 27 个，分散经营在一定程度上增加了企业的生产成本，特色产业优势也不能最大限度地发挥出来，品牌效应也未能很好发挥，龙头企业对产业集聚发展的带动效应无法得到最大限度的释放。

三是科技创新能力不足，企业跨越发展遇瓶颈。加工技术及装备水平低、缺乏高素质专业人才是制约广西农业产业化发展的重要因素之一。主要体现在企业科研投入低，据统计，全区 1 499 家农业龙头企业中建有研发中心的有 101 家，其中国家级实验室 4 个，企业科研投入 39 亿元，仅占销售收入总额的 1.58％。企业技术攻关存在困难，由于科研主攻方向不够明确，选题不够集中，一些具有广西特色的农产品行业遭遇农业科技难题，无法突破发展瓶颈。如梧州市六堡茶知名度和名誉度不断提升，但仍然没有改良、选育出适合各地大规模种植的六堡茶茶树品种，限制了茶园基地扩大，影响六堡茶产业加快和高质量发展。

四是扶持机制不够完善，服务水平有待提高。近年来一些地方对农业龙头企业扶持的力度有所减弱，支持农业企业发展的财政、金融、土地、电力等政策措施不够完善，一些地方的政府部门对农业企业服务意识不强，有的地方未真正从企业的角度考虑问题，对一些影响龙头企业生存发展的关键问题没有及时协调推进解决，服务主动性不足，帮扶措施不够灵活，未能站在发展的角度主动与企业一起想办法，协调解决其存在的困难和问题。

三、广西农业产业化发展对策建议

根据广西农业产业化现状和发展情势，当前和今后一个时期广西农业产业化发展要以培育壮大龙头企业、发展精深加工为重点，以完善组织制度和利益联结机制为核心，通过龙头带动、科技先导、政策扶持等举措，逐步形成区域化布局、标准化生产、系列化加工、品牌化营销、一体化经营、社会化服务的农业产业化经营新格局，逐步实现传统农业向现代农业、绿色特色高效农业的转变。

（一）突出做强龙头，提升企业带动能力

培育一个龙头企业，就能带旺一个产业、富裕一方百姓。突出壮大龙头企业群体，增强龙头企业实力，持续推进农产品加工业集群化，引导企业投资和新增产能向工业园区集中。培育具有自主创新能力的龙头企业集群，将中小型龙头企业纳入重点支持范围，推进利益联结机制创新，推广"龙头企业＋产业园（基地）＋合作社＋农户＋保险＋购销平台"模式，出台具有针对性的帮扶措施，落实好利企、援企、稳企、安企政策，引导中小企业走专业化、精细化、特色化、新颖化发展之路。引导有良好发展基础的企业延伸产品价值链，抢占高端市场，提高经济效益，加快建设农产品加工集聚区，积极引导企业入园发展，整合、引进产业链上下游企业集聚发展，延长产业链，形成集聚效应，增强产业效益。发挥龙头带动作用，创新经营模式，引导龙头企业通过成立农业产业化联合体等方式带动种植大户、农民合作社、家庭农场等新型农业经营主

体，促进小农户与现代农业发展有机衔接。

（二）突出品牌带动，提高市场开拓水平

品牌建设是推进农业产业化的重要措施之一，要树立质量意识、品牌意识和名牌意识，围绕"质量塑造品牌，品牌开拓市场"的思路，做好、做响、做大品牌。推进农业标准化建设，加快建立健全农业标准化体系，包括农产品质量标准的制定和修订，鼓励企业申办各类国际认证等。提高农产品质量安全水平，建立健全农产品质量监测体系，完善动植物病虫害监测预警网络，加快建立农产品生产企业严格自检、社会中介机构委托检验和执法机关监督抽检相结合的农产品检验检测体系，逐步形成对农产品"从田头到餐桌"的全程质量控制。拓展农产品市场，积极发展农产品物流中心，鼓励农业产业化龙头企业和农民专业合作组织在农产品主要销售城市设立窗口，开办绿色特色农产品仓储中心和超市，并积极开展进出口业务，开拓国际市场。

（三）突出科技先导，提高农业科技水平

科技是推动农业产业化的强大动力和重要支撑。进一步加大农业科技研发、引进、推广和转化力度，完善农业科技创新体系，加强与区内外农业科研院所的交流与合作，构建以龙头企业为主体、产学研相结合的新型农业科技创新体系，鼓励和支持龙头企业自建或与高等院校、科研院所合建研发机构。完善农业科技推广体系，创新农技推广组织形式，加强农业生产先进适用技术推广，进一步提高先进适用技术覆盖率。完善农业信息网络体系建设，以农村信息化推进农业产业化，加强农村科技教育和培训，大力提高农民的科技文化素质，培育一批有知识、有技术的新时代农民。

（四）突出政策扶持，加大扶持企业力度

加大财政扶持力度，统筹整合涉农支农资金，专款支持龙头企业和农业产业化联合体发展。加大信贷支持力度，积极调整信贷结构，降低准入门槛，提高对农业产业化龙头企业的信贷比重，通过小额信贷、短期信贷、中长期优惠信贷、专项信贷等一系列灵活多样的信贷组合，为主导特色产业和龙头企业的发展提供良好的金融服务。加大农业龙头企业支持培育力度，制定重点农业龙头企业梯级发展目录，对列入目录的重点企业实行台账管理，动态监测，实时掌握企业发展动向，及时协调解决企业发展问题。

（五）突出发展环境，持续优化营商环境

积极培育、大力引进并主动服务龙头企业，总结招商引资工作的成功经验，在增强服务意识、提升服务效果上下功夫，用工业化理念发展现代农业，进一步健全完善帮扶机制，有效落实优化营商环境系列政策措施。建立企业与部门、部门与部门间不定期沟通会商机制，及时协调解决企业发展面临的困难和问题，形成农业龙头企业帮扶、培育工作合力。完善对口帮扶工作机制，针对辖区内农业龙头企业发展实际，分类梳理企业阶段性发展需求，落实专业对口部门对企业进行"一企一策帮扶""一对一帮扶""保姆式帮扶"。进一步转变政府职能，减少审批事项，简化办事程序，提高工作效率，在坚持依法行政的同时创新监管理念，禁止乱检查、乱收费、乱摊派、乱罚款，真正为农业产业化营造良好的发展环境。

广西农业农村"十四五"规划
发展方向和重点任务研究

　　"十三五"时期，广西以习近平新时代中国特色社会主义思想为指引，紧紧围绕中央关于"三农"工作决策部署，扎实推进现代特色农业发展和"美丽广西"乡村建设取得较好成效，农业农村发展呈现稳中有进、稳中提质和持续向好的发展态势。"十四五"时期，广西与全国一样，同步进入了加快推进农业农村现代化的关键时期，面临着农业农村高质量发展的一系列新形势新要求。本文结合广西实际，对广西农业农村"十四五"规划发展方向和重点任务进行研究。

一、广西农业农村发展面临形势

　　"十四五"时期，广西农业农村发展的外部条件和内在动因正在发生深刻变化，机遇与挑战并存。

（一）机遇

　　从国内外情况看，广西农业农村发展有着多重叠加机遇。**一是**习近平总书记视察广西时，指明了广西现代特色农业方向。党的十九大和十九届历次全会对农业农村优先发展、全面推进乡村振兴作出重大部署，为广西加快农业农村发展带来新的战略机遇。**二是**自治区党委、政府多年来持续重视农业农村发展，广西现代特色农业高质量发展取得显著成效，农业综合生产能力稳步提升，农业产业结构布局更优，创新驱动力、竞争力更强，农业由大向强的拐点和窗口期已经出现，为广西加快农业农村发展带来新的转型机遇。**三是**广西农业对外合作延伸至东盟，向"一带一路"沿线国家拓展，形成行业类别较齐全、重点区域突出、投资主体多元化的农业对外合作格局，为加快农业农村发展带来新的开放发展机遇。

（二）挑战

从目前广西农业农村发展情况来看，仍存在不少弱项短板。**一是农业综合竞争力仍需进一步加强。**全区农业大而不强的局面仍在一定程度上存在；农业功能拓展不够，全产业链延伸打造不足，尚未能较好满足消费升级需求；品种品质品牌"新三品"建设在全国虽然起步较早，但尚未转化形成广西现代特色农业新的竞争优势。**二是农业增效能力仍需进一步提升。**与农业发达省份相比，广西农业基础设施仍较薄弱，规模化、专业化、组织化程度不高，农业增收体制机制不完善，供给侧结构性矛盾仍然突出。**三是乡村建设短板仍需进一步补齐。**全区农村基础设施和公共服务仍不够完善，村庄规划、乡村风貌和农村人居环境仍需进一步提升，农村基础设施建设不平衡不充分的矛盾依然存在，乡村建设短板较为明显。**四是农民收入水平仍需进一步提高。**全区农村居民人均可支配收入仅达到全国平均水平的85%，对比先进省份差距较大，农民增收渠道亟待进一步拓宽，农民收入可持续增长长效机制尚未健全。

二、广西农业农村"十四五"时期发展方向

"十四五"时期是开启全面建设社会主义现代化国家新征程的第一个五年，也是全面推进乡村振兴、加快农业农村现代化的关键五年。2021年12月，全国农业农村厅局长会议指出，"十四五"农业农村工作要按照"保供固安全，振兴畅循环"的定位思路，把握好重点目标任务和支撑保障。

"十四五"时期，广西农业农村发展目标是现代乡村产业体系基本形成，农业基础设施现代化水平显著提升，现代特色农业发展水平、乡村建设水平、农村生活水平和农民收入水平均迈上新台阶，乡村振兴取得实质性成效，农业农村现代化格局初步形成，农业高质高效、乡村宜居宜业、农民富裕富足的现代特色农业强区建设向前迈出一大步。

到2025年，乡村建设达到我国中、西部地区靠前水平，乡村面貌发生根本性改观；农业生产经营水平、新型农业经营主体带动能力进一步提升，乡村产业基础和产业链、价值链、供应链融合实现重大进展，生产要素供给全面加强，特色产业在全国的优势地位巩固提升，农产品加工转化率达到全国平均水平，第一产业增加值占GDP的比重进一步优化；农村居民人均可支配收入与全国平均值的差距不断缩小。

三、广西农业农村"十四五"规划重点任务

"十四五"时期，加快推进广西农业农村现代化，要坚持以乡村振兴统揽新阶段"三农"工作，大力实施十二项专项行动，走出

具有广西特色的乡村振兴和现代特色农业强区建设新路子。

（一）实施重要农产品保障战略行动

全面提升重要农产品保障水平，健全保障体系，提高保供能力。**一是坚决落实国家粮食安全战略。**深入实施藏粮于地、藏粮于技战略，严格落实粮食安全党政同责和"菜篮子"市长负责制，保障粮、油、糖、肉等重要农产品有效供给。大力推进水稻、玉米、马铃薯"三大主粮"产业化发展，加大1 500万亩粮食生产功能区管护力度，打造一批优质粮源基地示范县，着力提升广西香米、富硒米品牌影响力，保障"十四五"期间全区粮食综合产能稳定在年产1 370万吨以上。**二是持续推进重要农产品生产保护区建设。**继续提高1 150万亩糖料蔗生产保护区产能优势，打造一批"南菜北运""菜篮子"基地和供粤港澳大湾区"菜篮子"基地，创建一批自治区级特色农产品优势区。**三是坚决守住耕地红线。**遏制耕地"非农化"、防止"非粮化"，实行耕地保护网格化监管，强化撂荒耕地治理，开展农村乱占耕地建房专项整治。**四是调优水产和畜牧业结构。**加快推广绿色健康养殖方式和构建现代养殖体系，提升优质家禽、生猪、肉牛肉羊、奶水牛等产业规模和质量，大力发展设施渔业、海洋渔业、大水面生态渔业和稻渔综合种养，2025年全区猪牛羊年出栏量、禽肉年总产量、水产品年总产量等指标均达到"十四五"时期广西农业农村现代化发展指标体系要求。

（二）实施农业园区建设提升行动

推动农业园区产业化发展，既是农业园区建设的重要任务，也是推动农业园区发展的重要动力。深入实施现代特色农业示范区高质量建设五年提升行动，升级建设一批现代特色农业（核心）示范区，进一步丰富创建内涵，提升创建标准，推动建设重点转向高质量发展、转向农业农村现代化、转向城乡融合发展。在现代特色农业示范区基础上积极升级争创一批现代农业产业园、科技园、创业园和田园综合体、特色小镇等国家级、自治区级产业平台，逐步建成以国家级园区为龙头、自治区级园区为骨干、现代特色农业示范区为基础、市县乡村级各类园区为补充的现代特色农业产业梯次推进体系。实施农业强县强镇强村创建行动，在推进建设全国乡村特色产业十亿元镇、亿元村的基础上，打造一批第一产业增加值达100亿元的农业百亿元县，加快发展和培育壮大"一县一特、一镇一业、一村一品"特色产业体系，力争到 2025 年全区国家级现代农业产业园、田园综合体数量和农业产业强镇数量均位居西部省（区、市）前列。

（三）实施产业融合发展行动

坚持推行前端抓好科技支撑、中间抓好生产组织、后端抓好市场营销的产业化思维，突出特色优一产、精深加工强二产、创新业态旺三产，推进乡村产业融合发展。加强上下游产业深度融合，促进生产、加工、销售各个环节增值增效。实施农产品加工业提升行动，加快发展一批农产品产地加工、精深加工、综合利用加工和商贸物流等一体产业，加强粮食、畜禽、水产品、果蔬、食用菌、中药材等商品化处理，推进蔗糖、茧丝绸、果蔬、茶叶、中药材精深加工及综合利用，开发养生保健、食药同源加工食品，扶持地方特色主食工业化发展，争创一批国家农村产业融合发展示范园，高质量建设一批农产品加工集聚区。积极发展乡村旅游、休闲农业、观光农业、生态康养、农村电商等新产业、新业态，鼓励现有农业园区、产业基地升级发展为农文旅复合型乡村产业，争取"十四五"

期间全区休闲农业和乡村旅游业从业人员、年接待游客等数量上有新的突破。

（四）实施农村集体经济振兴行动

发展壮大新型农村集体经济，培育培强村级集体经济组织，保障农民的根本利益。突出发展特色鲜明、优势显现、竞争力强的村级集体经济产业，推动村级集体经济由短期目标向长远目标转变。继续探索"三变"改革发展新路子，推进农村资源变资产、资金变股金、农民变股东。探索推进村级集体经济差异化发展，根据区位条件、资源禀赋、产业基础、发展背景等差异因素，采取分类施策的发展策略。建立健全符合市场经济要求的集体经济运行机制，支持集体经济组织盘活利用闲置集体资产和集体建设用地增加收入。探索建立巩固拓展脱贫攻坚成果与村级集体经济发展的融合机制，优先安排脱贫村、脱贫人口参与集体经济的生产经营，以集体经济带领农民增收致富。

（五）实施新型农业经营主体培育行动

党的十九大报告提出，构建现代农业产业体系、生产体系、经营体系，完善农业支持保护制度，发展多种形式适度规模经营，培育新型农业经营主体，健全农业社会化服务体系，实现小农户和现代农业发展有机衔接。"十四五"期间，要持续推进新型农业经营主体发展计划，引进和培育一批规模以上农业龙头企业，打造大型农业企业集团；建立完善现代企业制度，支持具备条件的本土农业龙头企业通过引入央企、国企以参股、控股、重组等方式实行全产业链经营。引导农业龙头企业向产业集群、产业园区集聚发展，大力发展农业龙头企业总部经济，扶持做大年销售额超 20 亿元的龙头企业并使其进入全国同行业前列。推进家庭农场和农民合作社质量提升，鼓励发展农民合作社联合社和农业产业化联合体。推动新型农业经营主体由生产型向全面经营型或综合服务型转变，成为推动农村一二三产业融合发展的重要力量，为农业农村发展注入新动能。

（六）实施优势特色产业倍增行动

优势特色产业集群已成为各地区域经济发展的新增长点，优势特色产业集群具有链条完整、体系健全和主体抱团等优势。推动全区优势特色产业升级为大产业集群，深挖产业潜力和市场需求，按照区域集聚、经营集约、产业集群的发展模式，建设聚焦区内地位突出、规模较大、业态丰富的主导产业，升级打造粮食、蔗糖、水果、蔬菜、渔业、优质家畜、优质家禽、米粉等一批千百亿元现代特色农业产业集群，形成一批区域优势特色主导产业带。加快推进粮食产业转型升级，重点打造一批粮油加工集聚区、国家级粮食交易中心和中国（广西）—东盟粮食物流园区，大力发展地方特色功能性食品和主食加工"老字号"。大力发展"小产品大产业"集群，立足林果蔬畜糖等特色资源和地理标志农产品，进行加工增值、生态赋能、品牌提效和集群发展，推动米粉、沙田柚、罗汉果、沃柑、三黄鸡等一批特色"小产品"做成乡村"大产业"。

（七）实施农业品牌提升行动

品牌是农业竞争力的核心标志，是现代农业的重要引擎，更是乡村振兴的关键支撑。健全完善农产品品牌培育、发展和保护体系，加大"特色牌""绿色牌""长寿牌""富硒牌"打造力度和"圳品"培育力度，积极培育香港优质"正"印认证企业，不断扩大特色品牌农业经济总量，持续加大广西农产品品牌总标识"广西好嘢"的培育打造和市场推介力度。实施"桂"字号农产品品牌计划，进一步规范"桂"字号农产品预包装工艺，讲好每一个"桂"字号农产品品牌故事，建设一批"桂"字号线上线下旗舰店，重点打造形成"桂"字号果、"桂"字号粉、"桂"字号茶、"桂"字号肉产品等品牌价值超1 000亿元的"桂"字号农产品品牌集群，打造一批品牌价值超过30亿元的"桂"字号地理标志农产品和地理标志保护产品品牌。发挥典型示范带动效应，充分激发涉农主体做大做强农产品品牌的信心和决心，鼓励龙头企业创新科技，以品牌产品提升农业产业化的质量。

（八）实施质量兴农行动

加强农产品质量和食品安全监管，健全产地准出市场准入衔接机制，探索建立农产品质量安全追溯与园区创建认定、农产品认证、龙头企业晋级、合作社示范社建设、农业品牌推选的"五挂钩"机制，建设一批农业绿色发展先行区、农产品质量安全示范县和农产品质量追溯先行示范区，争取"十四五"期末，星级现代特色农业示范区和自治区级以上现代农业产业园的规模生产农产品全部实现可追溯。加强农产品质检体系建设和运行管理，加快推进市级农产品综合质检中心建设，继续补充和完善县级农产品综合质检站建设。推动全区农用地安全利用与富硒农产品挖掘、开发、品牌创建相结合，确保全区农用地安全利用率达到95％以上。

（九）实施农村综合改革行动

农村综合改革是全面深化改革的重要领域，也是破解"三农"难题的关键抓手。统筹推进农村改革，最大限度释放农村改革的综合效应，转变农业发展模式，优化农业产业结构，为加快农业现代化注入新动力。一是深化农村土地制度改革。坚持农村土地农民集体所有，坚持家庭经营基础性地位，坚持保持土地承包关系稳定并长久不变，启动第二轮土地承包到期后再延长 30 年试点工作。开展乡村全域土地综合整治试点，确保新增永久基本农田面积不少于调整面积的 5％。建立乡村振兴用地保障机制，农村新产业新业态和一二三产业融合发展用地的计划指标由自治区统筹安排并应保尽保，完善设施农业用地政策和取得方式，探索针对乡村产业的"点供"用地。二是深入推进农村"三块地"改革。在严守农村土地集体所有制性质不改变、耕地红线不突破的基础上，充分用好农村产权确权登记成果，深入推进农村承包地、宅基地、集体经营性建设用地改革，探索农村土地所有权、承包权和经营权三权分置，盘活农村土地资源，释放乡村发展活力，实现农村土地与乡村振兴的有效连线、高效匹配。三是统筹推进其他综合改革，加大农业支持保护力度，推进农业保险扩面、增品、提标，逐步建立政策性和商业性相结合的农业保险制度。加快推进农村集体经营性资产股份合作制改革、农村集体产权制度改革整区推进试点任务，继续深化集体林权制度改革。建立农村产权流转交易市场体系，初步形成农村产权高效流转以及产权与产业、市场、服务、金融衔接配套的机制，争取 2025 年全区农村土地适度规模经营占比达 45％以上。

（十）实施农村基础设施提档升级行动

结合农村环境整治和村庄规划等行动，分类有序推进农村厕所革命，统筹农村改厕和污水、黑臭水体治理。支持有条件的地方推广"两次处理、两次利用、实现两化"农村厕所粪污治理模式，支持农村户厕无害化建设和改造，引导新建农房建设无害化卫生厕所，在人口规模较大村庄配套建设公共厕所，加快推进农村旅游厕所建设。建立健全由城郊纳网、片区联建、村屯集中处理、联户集中处理、单户分散处理五个层级构成的农村生活污水治理体系，开展水体整治工程与农村黑臭水体治理试点，重点区域黑臭水体基本得到治理，"十四五"期间全区农村生活污水治理率提高到40％以上。开展新一轮乡村水、电、路、气、通信、文化体育、广播电视等公共基础设施建设行动，改善农村生产生活条件。

（十一）实施高素质人才队伍建设行动

人才队伍素质高低决定了农业农村经济社会发展质量，建设一支高素质人才队伍，能够更有效带领农民增收致富，促进农业农村高质量发展。实施现代青年农场主培养计划、新型农业经营主体带头人轮训计划和农村实用人才带头人培训计划，加快培育农业经理人等经营管理型、种养大户等专业生产型和从事生产经营性服务的技能服务型高素质农民，推动小农户向职业化发展。持续跟踪农民训后产业发展，开展政策宣讲、项目推介、技术指导等延伸服务，对接金融信贷和农村电商，加大产业支持力度。加强职业农民学院标准化、规范化建设。加强农技推广人才队伍建设，探索公益性推广与经营性服务融合发展机制。实施乡土人才培育计划，培育一批"土专家""田秀才"以及乡村工匠、农村电商人才、文化能人、非遗传承人等。实施大学生基层成长计划，继续实施"三区"人才支持计划、"大学生村官计划"、"三支一扶"计划、特岗教师计划等，分层次、多渠道、有计划、有重点地遴选一批基层管理人才、基层专业技术人才和基层创新创业人才。

（十二）实施农产品市场流通营销专项行动

加快健全农产品市场体系，做好农产品流通，是促进农业增效、农民增收、农产品竞争力增强的重要手段。加快流通市场建设，推动农业补短板项目建设，重点支持发展冷链物流，建设一批智能化冷链物流园区和农产品产地冷藏保鲜冷链物流运营中心，在农产品主产区配套建设贮藏保鲜设施和营销公共服务平台，鼓励新型农业经营主体共建共享共用仓储保鲜冷链，加速产业链供应链整合，在优势农产品产业带和集中生产基地布局建设一批全国性、区域性的产地批发市场以及农村田头的产地市场，推进公益性农产品市场和农产品流通骨干网络建设。实施农产品销售体系建设行动，建立农产品流通大数据库。加强对接批发市场、加工企业、电商平台和社区学校等，发展中央厨房、生鲜速递、特产专卖等农产品直销运营和各类专业流通服务。搭建返乡入乡创业园、孵化实训基地和乡村创客中心等平台，加强对乡村工匠、文化能人、手工艺人的创业培训，促进乡村创新创业，拓宽增收渠道。

广西农村产权流转交易市场建设现状及发展建议

  随着广西农村各项农村产权确权工作相继完成，土地、林地等产权交易日益活跃，如何突破传统产权流转模式、激活农村产权要素、促进农村增效与农户增收，成为当前农村改革发展的重大课题。2021年中央1号文件提出加强农村产权流转交易和管理信息网络平台建设、提供综合性交易服务；2022年中央1号文件提出开展农村产权流转交易市场规范化建设试点；国务院办公厅印发《关于引导农村产权流转交易市场健康发展的意见》提出，要以公开交易、规范服务、科学管理为重点，促进农村产权流转制度化、规范化、信息化。开展农村产权流转交易信息平台建设，有利于农村产权流转交易公开、公正、规范运行，推动深化农村综合改革。通过提升农村产权流转交易中介评估、风险评价、交易可视化等科技服务与管理功能，可激发农户对产权流转的主观能动性，增加集体经济组织和农户财产性收入，有利于赋予农户更多财产性收入和更多财产权利的保障。农村产权流转提供的服务可以促进农户财产、农村集体资产的保值增值，维护农户财产性收益，有利于稳定和完善农村基本经营制度，保障农户与农村集体经济组织的财产权益。在传统的农村产权交易中，因交易过程中产生的信息不对称、信息模糊而导致农户利益和农村集体资产受损的情况常有发生，这对于维护农户、农村集体经济组织权益非常不利，也会造成农村社会不稳定。因此，农村产权流转交易市场建设具有重要意义。农村产权流转交易市场能够实现信息发布、信息管理、交易过程、成交结果的公开化，且在收费方面原则上对农户和农村集体经济组织免收手续费。农村产权流转交易市场的建立能够降低农户和农村集体经济组织的交易成本，实现溢价功能。随着科技进步、互联网普及应用和 4G 网络覆盖，农户可通过多种网络渠道享受农村产权流转交易益处，分享改革释放的红利，这对于全面推进乡村振兴、最终实现生活富裕具有极大的促进作用。

一、广西农村产权流转交易市场建设推进情况

广西各级党委、政府高度重视农村产权流转交易市场建设工作，按照"以建带管、以管促建"思路，以规范流转交易行为和完善服务功能为重点，坚持制度和试点先行，已逐步建立起自治区、市、县、乡镇四级联动的"1＋N"架构的农村产权流转交易市场体系，探索出了一条有广西特色的农村产权流转交易市场建设路子。

二、主要做法及成效

（一）出台配套文件，明确目标任务

根据国务院办公厅印发《关于引导农村产权流转交易市场健康发展的意见》精神，2017 年广西由自治区金融、自然资源、农业农村部门牵头共同起草了《广西农村产权流转交易市场建设方案（试行）》，并由自治区人民政府办公厅印发实施。该方案提出到

2020 年，力争基本建立自治区、市、县、乡镇统一联网、四级联动的农村产权流转交易市场体系和信息服务网络平台的目标。成立自治区农村产权流转交易市场建设协调小组，组长由自治区副主席担任，副组长由自治区人民政府分管副秘书长和自治区党委农办及自治区自然资源厅、住房城乡建设厅、农业农村厅、国资委、金融局 7 个单位主要负责人担任，成员由相关 15 个单位的分管负责人担任；协调小组办公室设在自治区农业农村厅，自治区农业农村厅厅长兼任办公室主任，自治区农业农村厅、金融局分管负责人兼任常务副主任；负责研究和出台自治区农村产权流转交易的政策文件，加强对农村产权流转交易市场建设的指导和监督管理等。强化了市县职责，明确各设区市、县（市、区）政府负责本辖区内的农村产权流转交易市场建设和运行监管等工作。

（二）坚持试点先行，分步实施推进

2014 年起，广西开始试点探索农村产权流转交易市场建设，玉林市、田东县结合农村金融改革率先在全区成立了农村产权流转交易中心，开展农村产权流转交易业务；到 2017 年，全区已建立农村产权流转交易中心 5 个。2017 年自治区印发产权流转交易市场建设方案后，进一步总结试点经验，开始全面推进农村产权流转交易市场建设。

（三）立足建设主体，明确建设模式

经充分调研和广泛征求意见，2020 年自治区农村产权流转交易市场建设协调小组办公室报请自治区人民政府同意，明确国资委下属国有企业北部湾产权交易所集体股份有限公司作为自治区农村产权流转交易市场建设主体单位，建立自治区农村产权流转交易信息服务（系统）平台。2020 年 7 月，自治区农村产权流转交易市场建设协调小组办公室出台《广西农村产权流转交易信息服务平台建设及联网方案》，根据"统一监管职能、统一信息系统、统一流转交易规则、统一流转交易流程、统一收费标准、分级办理业务"的"五统一分"原则，指导推动北部湾产权交易所与全区各市县对接市县级平台联网工作。按照联网方案提出的"1＋N"模式，在全区以自治区级信息服务平台为中心，连接各市县若干个流转交易节点，流转交易及结算以县级为主，有条件的市级联合所辖县区集中建立平台开展交易。如柳州市鱼峰区、柳北区、柳南区和城中区合作建立交易中心，桂林市象山区、七星区、秀峰区、叠彩区、雁山区合作建立交易中心，梧州市联合长洲区、万秀区、龙圩区合作建立市级综合交易中心。在建设模式上，广西独立建设交易中心的县（市、区）有 58 个，与政务中心合建的有 19 个，与公共资源交易中心合建的有 10 个，与林权交易中心合建的有 7 个，其他方式建设的有 7 个；全区 14 个设区市都已建立独立的产权流转交易信息门户网站，有 76 个县级中心实现和自治区平台直接联网上报数据。

（四）出台管理办法，健全工作机制

为进一步规范各级农村产权流转交易行为，逐步建立起公平有序、合法合规的农村产权流转交易市场体系，在重点指导县级农村产权流转交易中心建立流转交易管理相关制度的同时，推动自治区层面出台农村产权流转交易管理办法。2021 年 7 月，在全国率先出台《广西农村产权流转交易管理办法（试行）》，明确了全区农村产权流转交易市场的组织架构、交易机构与职责、交易主体与范围、交易程序与方式、交易行为与规范，以及各级政府、部门的监管责任等。自治区农村产权流转交易市场建设协调小组办公室联合金融监管部门协调指导农村相关产权主管部门，组织起草《广西壮族自治区农村产权流转交易规则（试行）》和 10 个农村产权流转交易相关工作细则，加快构建完善农村产权流转交易政策体系。

（五）列为重点改革，推动落地见效

自治区党委、政府对农村产权流转交易市场建设高度重视，从 2018 年起，每年由自治区党委深改办或党委农办列为深化农村改革重要工作，列入重点改革督查任务和绩效考评指标，较好地推动各市、县的工作落实。

三、广西"1＋N"模式的特点及优势

近年来，广西为构建全区统一的农村产权流转交易体系，探索形成了农村产权流转交易市场"1＋N"模式，即：1 个自治区级产权交易机构链接市、县（区）N 个节点。以自治区级平台为核心，以县级平台为重要节点，以"一张网"统筹运作，搭建区域性并能连接全国的服务平台，实现了农村产权公开、有序交易，社会资本有序高效进入农村，城乡资源要素得以双向顺畅流转，农村资源要素市场化配置，为乡村振兴注入了新动能。

（一）构建全区统一的市场体系，解决平台重建乱建问题

在"1＋N"模式下，按照有交易场所、有专业人员、有交易规则制度体系、有联通全国的交易系统、有经费保障、有政策引导支持、有统一监督管理体系的"七有"标准，建设标准化的农村产权

交易中心，逐步构建自治区、市、县、乡镇统一联网、四级联动的农村产权流转交易市场体系。在推动农村产权流转交易公开、公正、规范运行，促进各类农业要素资源实现市场化合理配置的同时，有效解决了地方平台重复建设、交易系统不统一、监管缺失等问题

（二）搭建全区"一张网"信息服务平台，解决信息不对称监管不到位问题

依据"1＋N"模式需要，构建了全区统一运作、实现有效监管以及集农村资源要素登记、交易、金融配套、市场监督等多功能于一体的综合服务平台。该综合服务平台实现了地方各级平台无缝接入，满足全区联网、产权流转信息数据采集、地方门户建设及推广、交易信息发布、互联网竞价交易、农特产品电商服务等信息化需求，提升了信息发布的宽度和广度，能更精准地对接社会资源，提升农村产权交易的成交率和溢价率。"一张网"的平台，在具备了信息统一发布、电子竞价交易、统一资金结算、项目全流程管理等功能的基础上，可融合接入农村集体"三资"监管、土地确权登记信息查询等系统。通过各信息系统的融合联通，进一步丰富农业农村大数据信息资产，有利于精准服务城乡要素双向流动，加速推进乡村振兴。

（三）探索多元化的农村产权流转交易运营模式，解决市场基础薄弱产权交易不活跃问题

采取引入市场运营机构、信息技术企业、金融机构进行合作共建的方式，创建"政府＋平台＋金融机构＋运营团队"模式，深化农村产权流转交易运营服务市场化工作。通过市场化合作方式，开展项目信息调查、土地预流转、招商引资对接、产业落地帮扶等业

务拓展和运营服务。如贵港市覃塘区将农村产权流转交易中心与村级集体经济孵化器融合共建，形成了从要素流转到产业发展一站式服务场所，2020年覃塘区全年集体经济收入增加 2 700 余万元，平均每个村达 18 万元。截至 2021 年 9 月底，覃塘区农村产权交易中心交易平台累计上线交易项目 267 宗，挂牌总金额 5.21 亿元，涉及土地面积 5.98 万亩，成功交易 153 宗。

（四）以"五统一分"规范农村产权流转交易行为，解决产权交易行为不规范流转效率不高的问题

通过总结"1＋N"模式的实践经验，自治区农业农村厅组织北部湾产权交易所起草编制了各类农村产权的交易规则、流程表单，编写了《农村产权交易中心标准化建设服务手册》《县级农村产权交易中心运营服务手册》以及土地承包经营权、农村集体经营性资产等农村产权交易说明书，为各级平台运营提供规范化服务，促进流转交易公开、公正、规范运行。《广西壮族自治区农村产权交易服务规范》于 2020 年 1 月 30 日发布实施，标志着全区统一、规范的农村产权流转交易市场地方标准的形成，规范了农村产权流转交易行为。

（五）建成上下贯通的服务平台，解决乡村振兴"钱从哪里来、人往哪里去、地当如何用"的问题

"1＋N"模式运行以来，撬动了大量社会资本向农业农村集聚，充分释放了农村产权价值，有效促进了现代农业发展、乡村建设和农户就地就业，发展起乡村振兴"新基建"，激发了乡村振兴新动能。一是通过土地预流转模式，建立"土地超市"集中发布信息，拓宽信息渠道，促进流转交易供需对接。二是自治区

平台通过连接全国的信息服务平台，可利用涵盖各领域有实力的国有、民营、外资等数以十万计的企业资源库，为农村要素快速流转交易和实现城乡合作项目资源对接提供新的平台。三是统一信息发布，不仅可提供网络竞价、综合评议、竞争性谈判等交易服务，还可提供项目推介、咨询策划、网络路演、资金托管、实地勘察、交易鉴证、投融资等多方面的服务，为充分盘活农村土地、稳定村级集体经济收入、提升乡村治理能力等工作提供"一站式"的配套服务。

四、自治区平台运营情况及典型案例

广西已建设完善 14 个市级农村产权流转交易中心（平台）、101 个县级农村产权流转交易中心（含合建），实现了全区县域全覆盖，被列为 2021 年广西农业农村工作十大亮点之一。到 2021 年底，全区农村产权流转交易累计成交 1.99 万单，累计成交金额75.62 亿元，抵押担保 1 119 单，抵押担保金额 41.45 亿元，服务乡村振兴的成效初步显现。

广西的农村产权流转交易业务，目前主要以农村土地经营权和林权流转交易为主，其他产权品种正在探索交易。其中，玉林、百色、梧州 3 个设区市发展较快，累计成交金额 56.93 亿元、抵押担保金额为 38.12 亿元，分别占全区的 92.25%、99.06%。玉林市累计成交 33 宗，累计成交总金额 37.2 亿元，涉及农户 913 户，抵押担保金额 21.18 亿元；百色市田东县累计成交 17 264 宗，累计成交总金额 12.18 亿元，涉及农户 17 264 户，抵押担保金额 16.5亿元。贵港市覃塘区覃塘街道谷罗村六里林场 2 820 亩林地，竞标底价 200 万元，最终成交 338 万元，溢价率 69%。

（一）梧州市：企银合作全市统一运营

通过政府协调、主管部门对接，梧州市在广西率先实现与金融机构深度合作。积极开展政银企合作，由梧州市苍海建设开发有限公司（以下简称苍海公司）联合广西慧农信息科技集团有限公司（以下简称广西慧农集团）共同出资承建梧州市农村产权交易中心（含万秀区、长洲区和龙圩区），由所在县（市）农村信用社出资承建县级农村产权交易中心。农商行（信用社）、苍海公司、广西慧农集团共投入 1 627 万元，市、县两级建成了标准化信息发布大厅、业务洽谈室、接待室等设施设备齐全的农村产权流转交易现代办公场所。蒙山县利用农商行在各乡镇营业场所网点建设乡镇农村产权交易服务站，收集、审核农户土地产权抵押、流转材料。苍梧县、蒙山县信用社每年提供 20 万元运营经费，有力保障中心的正常运营。通过政银企合作，市、县两级建立农村产权流转交易中心，乡镇建立农村产权交易服务站，村级建立农村产权交易服务室，完成与自治区交易平台联网，建成了全市统一、上下联通、功能齐全、规范有序的四级联动农村产权流转交易市场体系。梧州市提前一年于 2019 年底实现农村产权交易平台建设全覆盖，获自治区通报表扬。截至 2021 年 7 月底，梧州市挂网项目 120 宗，涉及金额 8.78 亿元，涉及土地面积 5.13 万亩，成交项目 71 宗，成功流转土地 3.08 万亩，成交金额 7.13 亿元，约占全区同期成交额的 40％以上。

（二）柳州市鹿寨县："政府＋平台＋金融机构＋运营团队"共同合作

鹿寨县于 2018 年按照 "1＋N" 模式，率先完成农村产权流转交易中心标准化建设，是柳州市第一家纳入全区统一联网的县级农村产权交易中心。通过接入自治区农村产权流转交易信息服务平台，实现县、乡镇、村三级联网，形成集统一信息发布、互联网电子竞价、项目撮合、交易鉴证、产业帮扶、资产评估、惠农金融、农特产品产销等于一体的农村综合要素服务体系。鹿寨县农村产权流转交易中心采取"政府＋平台＋金融机构＋运营团队"的模式，全面启动农村产权流转交易市场化运营服务工作，即由地方政府主导，北部湾产权交易所提供运营方案和技术支持，引入合作运营机构进行专项运作落地，农商行提供资金支持。此外，鹿寨县还印发了《关于规范农村集体资产资源流转进入鹿寨县农村产权流转交易中心交易的通知》，规范农村集体资产资源流转交易行为，确保农村集体产权 100％进场交易，杜绝场外交易和暗箱操作，更好地发挥市场在资源配置中的决定性作用，提高农村集体资产资源的利用效率和经营效益。2021 年，全县农村产权流转交易中心累计完成线上挂牌项目 21 宗，挂牌项目面积 1 141.7 亩，挂牌金额 2 504.22 万元，其中已成交项目 11 宗、成交总金额 1 192.75 万元，包括土地承包经营权流转项目 4 宗、成交项目总面积 685.74 亩，活立木交易项目 3 宗，木材单板交易项目 4 宗、桉木单板销售项目 7 500 立方米；全县组织开展产权交易培训 40 次，对 118 个行政村完成两轮走访，调研意向流转土地 106 宗，其中耕地、果园、水库鱼塘等共 69 宗约 3.115 万亩，旧村委、旧学校、大棚、厂房等共 37 宗约 11.582 万平方米。

（三）贵港市覃塘区：创新土地流转模式促进农村产权交易

贵港市覃塘区积极探索农村产权流转交易模式创新，实践走出

"土地预流转"新路子。一是整合地块，完成预流转。推行"土地预流转"模式，由村（社区）农地服务机构与涉及预流转土地的村屯负责人沟通，做好土地信息调查核实、地块面积确认工作，编制土地流转农户信息，组织签订预流转协议书，并向村屯进行公告。二是建档核实，收储土地。完善预流转土地手续，量身定做土地"身份证"，建立"土地超市"（农村土地流转信息数据库）。截至2021年上半年，覃塘区已累计流转土地30.89万亩。三是发布信息，开展招商。将手续完善的预流转地块信息投放入覃塘区产权交易中心上线公布推广，通过北部湾产权交易所集团农村产权"E农村"交易平台，网络竞价招租、招商。2018年5月，第一批12宗交易项目在"E农村"交易平台正式上线，效果反映良好。其中，京龙村117亩集体山林出租（15年）项目起拍价5.265万元，经224次竞价，最终以24.785万元成交，增值率达371%。覃塘区产权交易中心建成以来，组织对接会、培训宣讲会30多场2 000人次，为70多个项目找到合作的村集体，项目投资额达8 000多万元，推动村级集体经济保持较高增速发展，在推进乡村振兴和乡村产业发展中发挥了重要作用。覃塘区农村产权累计通过平台挂牌267宗，涉及土地面积5.98万亩；累计成交153宗，涉及土地面积2.65万亩。

五、主要困难和问题

（一）政策制度支持不足

在入场交易方面，目前尚无全区性文件明确规定支持农村集体资产资源100%进场交易，仅个别地方如鹿寨县、桂平市等地出台了本市县的管理办法，明确规定农村集体资产资源100%入场交易，应进必进。在机构设立方面，多数地方尚未按规定配置相关人员和场所，对各机构设立法人应如何向协调小组报备未作具体规定，对报备所需的文件、证明材料等未明确，报备工作无法顺利推进。在监管方面，尚未出台对各级农村产权流转交易机构的监督管理政策，如交易材料的档案管理政策、数据管理监督政策等。

（二）统一联网进展缓慢

南宁市、玉林市、百色市田东县、百色市右江区等使用第三方系统的市县，进行统一联网的意愿不强，仅实现数据接口对接，难以真正实现全区"一张网"信息发布和"五统一分"运行。

（三）全区数据管理难度大

数据管理中心的建立和利用大数据进行分析和监管离不开科技手段的支持。一方面，未实现农村产权入场交易应进必进，线下交易数据可得性较差，手工统计数据误差大。另一方面，未实现统一联网的地区数据上报不及时、不完全，自治区层面尚未出台数据管理制度约束各地区的数据上报和管理，致使自治区信息服务平台虽具备相关功能，但应用不足，数据汇集的基础工作尚未实现完全统一。

（四）交易品种和相关配套不够丰富

各级农村产权流转交易中心积极探索拓展交易品种和创新金融配套服务，并进行了试点尝试。但未实现标准化和规模化，缺乏相关文件的指导和支持，在业务层层推进过程中遇到阻碍，工作进展缓慢。

（五）应付考核的绩效项目依然存在

部分县（市、区）对农村产权流转交易的重要性认识不足，集中体现在年底为应付考核的绩效项目较多，不利于农村产权制度改革推进和农村产权交易行业的健康有序发展。

六、对策建议

（一）完善相关政策和交易规则

加快制定出台广西农村产权流转交易规则和分品种交易细则，采取有力的政策支持措施，鼓励引导本区域各类农村产权要素进入流转交易中心公开交易，实现"应进必进"，使之成为农村资源要素市场化集中配置场所，积极引导各市县在自治区指导下，出台推进农村产权交易和市场建设的办法及规则，建立健全农村产权交易制度保障体系。在市场规则还不健全的基层农村产权交易体系中，合理使用行政力量推进基层网络建设和转变交易习惯，逐步实现农村产权流转交易市场化。

（二）推进统一综合性市场建设

逐步提升交易中心市场化程度，将更多交易品种逐步纳入市场交易范畴。加快与农村集体资产监管等系统的对接，引导农村集体经营性资产进场交易，将农村产权流转交易信息服务平台打造成综合性为农服务平台。稳定农村金融服务与改革的产权基础，更好地发挥农村产权交易行业服务"三农"、推动城乡一体化发展、促进农村资源要素流动的积极作用，更好地促进农户、村集体和经营主体的农村产权权能实现。

（三）加强宣传服务工作

通过网络、电视、广播、宣传手册、宣传车等多种手段，宣传农村产权流转交易平台的作用、意义和效果，增强农户通过平台进行产权交易的意识。各地的农村产权流转交易市场也可以通过现有的手段，增加自身曝光度，增强农户对农村产权流转交易市场的认识。

（四）建立风险防范机制

针对农村产权流转交易中的信息不对称风险，建立由县、乡、村交易服务机构组成的集体组织架构，搭建信息沟通的渠道，保证农户可以在交易中最大限度地获得信息资源。农村产权流转交易市场应提供合同范本或提供合同签订指导意见，降低缔约风险。设立风险防范基金，在各交易市场内部设立风险管理组织，建立和健全信息化控制平台，提高风险监控的效率。

（五）强化对各级机构的培训指导

自治区平台应发挥培训、指导、宣传、推广的作用，通过培训加强各级机构对"五统一分"与"七有"标准化建设的认识，增强其对开展农村产权流转交易的理解，帮助其熟练掌握标准化规范化交易流程。做好试点成效的总结和宣传推广，积极引导鼓励各地结合资源优势，持续探索多种用活农村产权发展乡村产业的模式，增强村级集体经济活力和乡村产业发展动力。

广西乡村产业发展现状及对策建议

近年来，特别是实施乡村振兴战略以来，全区各级农业农村部门深入学习贯彻落实习近平总书记关于"三农"工作的重要论述和视察广西"4·27"重要讲话精神，按照中央和自治区决策部署要求，坚持以乡村振兴统揽新发展阶段"三农"工作，以推进农业供给侧结构性改革为主线，不断完善农业支持保护政策体系，持续深化农村改革，发展壮大新型农业经营主体队伍，推动农业质量变革、效率变革、动力变革，实现了由改造传统农业到建设现代农业转变，由一家一户分散经营向多元化适度规模经营转变，由粗放发展向绿色生态可持续发展转变，这标志着广西农业现代化建设迈上了新台阶，为开启全面建设新时代中国特色社会主义壮美广西奠定了坚实基础。

一、基本情况

广西乡村产业建设取得明显进展，"十三五"期间现代特色农业发展势头良好，第一产业增加值平均增速 4.76%，农村居民人均可支配收入年平均增速 9.36%，分别高出全国平均增速 1.38 个和 0.94 个百分点。2020 年全区第一产业增加值 3 555.82 亿元，比上年增长 5.0%，对全区生产总值（GDP）的贡献率达 16%，第一产业增加值排名由全国第 10 位上升至第 9 位。"十三五"期末，全区农村居民人均可支配收入达 14 815 元，提前实现比 2010 年翻一番的目标，城乡居民收入比稳步降至 2.42。2021 年全区第一产业增加值增长 8.2%，高出全国 1.1 个百分点，排全国第 5 位，两年平均增速 6.6%。2021 年全区农村居民人均可支配收入 16 363 元，名义增长 10.4%，两年平均增速 9.4%、排全国第 4 位。

（一）重要农产品保障水平稳步提升

粮食产量连续多年稳定在 1 300 万吨以上，实现谷物基本自给、口粮绝对安全。2021 年，全区粮食播种面积 4 234.35 万亩、总产量 277.3 亿斤，超额完成国家下达的目标任务；生猪存栏 2 128.2 万头、出栏 3 113.9 万头，生猪产能提前一个季度恢复到 2017 年正常年份水平；园林水果产量 2 794 万吨、连续 4 年保持全国第一，蔬菜产量 4 047.8 万吨、实现十连增，蚕茧产量 39.2 万吨、连续 17 年保持全国第一，茶叶产量 9.6 万吨、进入全国前十位，中药材种植面积 186.6 万亩、同比增长 10%；牛羊出栏 380 万头、同比增长 5.85%，水产品总产量 353 万吨、同比增长 2.5%。当前，初步打造形成蔗糖、水果、蔬菜、优质家畜等六大千亿元产业集群，以及蚕桑、中药材、优质家禽 3 个 500 亿元产业集群，其中水果、糖料蔗、蚕桑、黄羽鸡、罗汉果、茉莉花等多个产业规模稳居全国首位。

（二）农业多种形式适度规模经营水平不断提升

以家庭经营为基础、合作和联合为纽带、社会化服务为支撑，集约化、专业化、组织化、社会化的现代农业经营体系加快形成。新型农业经营主体蓬勃发展，总量超 17 万家，全区农业产业化重点龙头企业 1 577 家，农民合作社示范社 6 107 家，家庭农场总数 11.2 万家；发展壮大农业社会化服务组织，推行耕种收全环节托管服务，促进小农户与现代农业有机衔接，农村承包地流转比重达42.5％，农业生产社会服务渐成规模。

（三）农村产业融合引领乡村产业高质量发展

打造了一批现代农业产业园、特色优势产业集群、农村产业融合示范园、农业产业强镇等产业融合载体。截至 2021 年底，全区累计建成各级示范区（园、点）19 734 个，其中自治区级示范区442 个、县级示范区 873 个、乡级示范园 3 404 个、村级示范点15 015 个，超额完成目标任务，构建了市有核心区、县有示范区、乡有示范园、村有示范点的发展格局。累计创建国家级特色农产品优势区 18 个、自治区级 42 个，成功争创国家优势产业集群 4 个，国家级现代农业产业园 6 个、自治区级 28 个，国家农业产业强镇37 个，国家级田园综合体 1 个、自治区级 22 个。建设 127 个农产品加工集聚区，主要农产品加工转化率提升至 65％以上。农村电商成为农村经济新亮点。休闲农业综合实力有新突破，休闲农业和乡村旅游接待游客达 3.86 亿人次，营业收入超 400 亿元，进入全国十强省份行列。

（四）绿色兴农品牌强农扎实推进

2021 年，全区化肥、农药使用量持续保持负增长，农田灌溉水有效利用系数达 0.5 以上，养殖废弃物综合利用率超 90％，农产品质量安全监测合格率稳定在 98％以上，绿色有机优质农产品比重持续提升，有效期内的"三品一标"产品获证总数 2 353 个。持续打造"绿色生态、长寿壮乡"农业品牌，累计认证 80 个"圳品"，2021 年新认定"广西好嘢"品牌 126 个，目前"广西好嘢"品牌总数累计达 411 个，恭城月柿、容县沙田柚等 10 个品牌入选中国农产品区域公用品牌。

（五）农业农村改革深入推进

到 2021 年，顺利完成农村集体产权制度改革整区推进全国试点任务，在藤县、乐业等 6 个县开展农村"三变"改革示范创建，累计有 1.5 万个村级、3.3 万个组级成立集体经济组织并完成登记赋码工作。农村土地确权登记颁证工作持续推进，在全国率先出台农村产权流转交易管理办法，建设完善 14 个市级、101 个县级（含合建）农村产权流转交易中心，实现市县全覆盖。财政支农力度不断加大，农业保险实现扩面增品提质，农业信贷担保体系基本健全。

二、存在问题

广西推进乡村产业振兴虽然取得了长足的进步和发展，但自身短板依然突出，新冠肺炎疫情变化和外部环境存在诸多不确定性，全区农业农村现代化建设仍面临不少困难、问题和挑战。要深刻地认识到，广西农业产业存在大而不强、多而不优、加工不足、品牌不响、质量效益较低和竞争力不强等问题，需进一步扩大农业农村有效投资，加快补齐"三农"领域短板。

（一）基础设施建设滞后

广西耕地面积大，水资源丰富，气候条件有利，光、热、水同季，适于农作物生长，但基础设施建设相对滞后，全区中低产田面积占比约为 2/3。大马力机械、专用配套农机具不足，农业耕作仍依赖人力、畜力。农田水、电、路等配套不到位，农业尚未摆脱靠天吃饭的局面。

（二）农业产业化水平低

广西糖料蔗、园林水果、蚕桑等多个产业规模居全国第一位，但农业产业化仍处于初级阶段，精深加工不强、产业链条短，农村一二三产业融合不紧，新业态发育不足。农产品加工业产值与农业总产值比仅为 1.67，低于全国平均水平（2.5）。大量优质农产品仍是"原字号"出售。市场上具有影响力的"桂"字号品牌不多，市场竞争力较差。新型农业社会化服务体系还不健全，服务能力还很有限。

（三）环境承载能力弱

广西拥有"山清水秀生态美"的金字招牌，全区森林覆盖率达到 62.5%，居全国第 3 位，共拥有 29 个"中国长寿之乡"。但农民过多使用农药、化肥，过度捕捞等现象依然存在。耕地重金属超标、土壤酸化、秸秆露天焚烧等农业面源污染问题不容忽视。

（四）科技转化率不高

广西有较为完备的自治区、市、县、乡四级农技推广体系，组建国家现代农业产业技术体系广西创新团队 21 个，覆盖 30 个优势特色产业。高标准创建了一批现代农业科技展示推广中心、成果转化中心、示范基地。但农技推广人员结构老化问题突显，农民和新型经营主体整体素质不高，农业科技示范园区辐射带动能力弱，农业先进适用技术到位率低，农业标准化、精准化生产投入不够，传统种养方式依然比较普遍。

（五）农业经营规模小

广西新型农业经营主体近年来加快发展，但经营面积 50 亩以上的经营主体有 2 万多家，大部分的耕地为小户种植，种植规模小，栽培措施不到位，且耕种机械以小型为主，作业标准低，规模经营土地的产出能力和效益没有实现最大化。

三、对策建议

"十四五"期间，广西推进乡村产业振兴，建议坚持以工业化理念、产业化思维发展现代农业，前端抓好科技支撑、中间抓好生产组织、后端抓好市场营销，促进规模化优质化品牌化发展，重点抓好乡村产业振兴"五化"建设，促进农业高质高效、乡村宜居宜业、农民富裕富足。

（一）推进农业设施化

着力加强设施装备建设，围绕提高农业产出水平和生产效率，加快用现代设施装备弥补水土资源禀赋的先天不足。改善设施条件，建设高标准农田 3 000 万亩左右，统筹发展高效节水灌溉，推广标准化温室、新型畜禽养殖、环境控制智能化、节水节肥一体化等设施。全面推进机械化，加快推广使用智能高端复式机械，更多应用北斗终端设备，促进农机农艺融合、设施装备与养殖工艺融合，推动品种、种养方式与装备设施相适应，加快推进主要农作物生产全程机械化，推动设施农业、畜牧养殖、水产养殖和农产品初加工机械化水平明显提升。健全流通体系，建设田头贮藏、预冷保鲜、分级包装、冷链物流、城乡配送等设施，发展农村电子商务，促进产销对接。

（二）推进农业园区化

促进农业集聚发展，立足壮大优势特色产业，建设以规模化种养基地为依托、产业化龙头企业带动、现代生产要素集聚的现代农业产业园区。优化产业布局，合理规划生产、加工、物流、研发、服务等功能板块，建设原料生产大基地，构建"一县一业、一特一园、多园成群"的发展格局。推进要素集聚，引导资金、人才、科技、土地等要素集约配置，解决现代要素下乡难、入农难、进园难问题。推进主体集中，吸引各类企业入园投资兴业，形成龙头企业、农民合作社、家庭农场、社会化服务组织、小农户相互依托、集群发展的态势。推进产村融合，将农业园区建设与休闲观光产业发展结合，培育兼具田园风光、农家情趣和生活便利的宜居乡村。

（三）推进农业融合化

着力打造产业链，构建种养结合、产加销一体的农业全产业链，拓展农业增值增效空间。培育多元融合主体，发展专业化家庭农场，规范农民合作社运营，支持组建由龙头企业牵引、家庭农场和农民合作社跟进、小农户广泛参与的农业产业化联合体。发展多类型融合业态，引导各类经营主体以加工流通带动业态融合，积极发展中央厨房等多种业态。以功能拓展带动业态融合，推进农业与文化旅游、科学素质教育、康养等产业融合，发展创意农业、功能农业等。创新利益融合方式，引导新型农业经营主体与小农户建立多种类型的合作关系，推广"订单收购＋分红""农民入股＋保底收益＋按股分红"等模式，完善利益分配机制，让农民更多分享二三产业增值收益。

（四）推进农业绿色化

着力发展生态循环农业，强化绿色导向、标准引领和质量安全监管，大力推行绿色生产方式，促进示范区产业绿色转型。强化资源环境保护。实施耕地质量保护与提升行动，健全耕地轮作休耕制度，加强退化污染耕地治理。加强农业面源污染防治，深入实施化肥农药减量行动，推进病虫害统防统治、绿色防控，持续开展测土配方施肥，加快有机肥替代化肥，推进畜禽粪污、农作物秸秆、废弃农膜资源化利用。推进低碳循环发展，集成推广节肥节药节水等绿色技术模式，发展稻鱼共生、"粮饲—猪—沼—肥"等生态循环种养。加强质量安全监管，实施农业生产"三品一标"提升行动，推动品种培优、品质提升、品牌打造和标准化生产。广泛推行绿色、有机、地理标志农产品认证，加快实现食用农产品达标合格证制度全覆盖。

（五）推进农业数字化

加快发展智慧农业，推动物联网、大数据等信息技术与农业深度融合，全面提升农业生产智能化、经营网络化、管理高效化、服务便捷化水平。完善乡村基础设施，推动5G网络和移动互联网与城市同步规划布局，建设满足农民生产生活需要的信息基础设施。加快生产经营数字化改造，加强农业耕地、劳动力、自然资源、集体资产、经营主体等基础数据采集整理，建设数字田园、智能畜牧业、智慧渔业、数字种业。发展农产品电子商务，实施"互联网＋"农产品出村进城工程，强化益农信息社服务功能。推进大数据应用，深度开发利用农业生产、市场交易、农业投入品等数据资源，探索基于大数据的授信、保险和供应链金融等业务模式。

Ⅲ 典型篇

广西乡村振兴报告2022

毛竹山村：小葡萄大产业引领
红色村屯乡村振兴

桂林市全州县才湾镇毛竹山村是广西桂北的一个传统村落，其赓续帮助红军突破湘江包围圈的红色血脉，秉承带领父老乡亲共同迈向乡村振兴的红色初心，敢为人先，勇于突破，自主发展葡萄特色产业，把小葡萄串成引领群众脱贫致富的大产业，走出了以特色产业巩固脱贫、防止返贫、促进增收的乡村振兴之路。

一、基本情况

毛竹山村位于桂林市全州县城西部，是全州县才湾镇南一村的自然村，距离县城 23 公里，现有 46 户、156 人，村民均为汉族，设有党小组 1 个、党员 12 名。全村总面积约 900 亩，其中林地 430 亩、耕地 280 亩，主要产业有葡萄、乡村旅游等。毛竹山村以其后山代代生长的毛竹而得名。改革开放初期的毛竹山村，曾是靠山吃山、靠水吃水的贫穷山村，村民以种植水稻为生，人均年收入仅 5 000 元左右。"毛竹山，泥瓦房，生活苦，南瓜汤，有女不嫁毛竹郎"真实反映了毛竹山村当时的困窘。为改变这一落后面貌，21 世纪初，毛竹山村村民大胆引进葡萄种植，并在不断创新尝试中推进和扩大葡萄产业发展，"小葡萄"逐渐成为毛竹山村的"大产业"，并衍生了观光、采摘等乡村旅游新业态。近年来，毛竹山村先后荣获自治区文明卫生村、广西"绿色村屯"、桂林市十佳魅力新农村、桂林市先进基层党组织等称号。

2021年4月25日，习近平总书记到毛竹山村考察乡村振兴推进、基层治理等情况，对毛竹山村发展葡萄产业、勤劳致富的做法表示肯定。习近平总书记走进葡萄园，察看葡萄长势，询问葡萄产量、品质、销路、价格等情况。他强调，全面推进乡村振兴的深度、广度、难度都不亚于脱贫攻坚，决不能有任何喘口气、歇歇脚的想法，要在新起点上接续奋斗，推动全体人民共同富裕取得更为明显的实质性进展。他还指出，全面推进乡村振兴，要立足特色资源，坚持科技兴农，因地制宜发展乡村旅游、休闲农业等新产业、新业态，贯通产加销，融合农文旅，推动乡村产业发展壮大，让农民更多分享产业增值收益。毛竹山村牢记领袖嘱托，在迈向共同富裕的道路上稳步前行。2021年，毛竹山村所在的才湾镇南一村获评全国乡村特色产业亿元村。

二、生动实践

（一）选准"小葡萄"

葡萄是原产于北方地区的水果。虽然广西地处祖国南疆，但阳光充足、干燥冷凉、昼夜温差大的桂北地区十分适宜葡萄种植，是广西本地葡萄的主要产区。桂林的兴安县、全州县自20世纪80年代中期引种葡萄以来，就成了区内外著名的葡萄之乡。为改变毛竹山村的落后面貌，村里的党员干部意识到，只有调整产业，才能够找到脱贫致富的突破口。产业的选择是毛竹山村民面临的最大难题，他们曾经选择同样适宜在桂北地区种植的柑橘，然而柑橘黄龙病导致了试种失败。村党小组组长王新明说："困难再大，想想红军，万里长征他们都没有放弃，血战湘江他们也没有放弃，我们这点小困难和红军战士比，根本不算什么，只要我们怀着必胜的信念，就一定会找到一条适合我们的特色产业发展道路！"2002 年，毛竹山村人凭借不轻言放弃的韧劲，基于赴外地考察的收获和对村子所在地域气候条件、区域种植优势的判断，几名村民率先开始尝试种植葡萄。由于葡萄种植启动资金大、种植技术要求高、管理投入时间多，先行试种葡萄的村民并不被大家认可和看好，但他们的坚持获得了回报，首次试种的 50 多亩葡萄丰收，亩产值 8 000 多元。试种葡萄的丰收有力证明了发展葡萄产业是可行的，村民们的种植积极性也被带动起来。毛竹山村以此为契机，将葡萄作为本村重点发展的特色产业，连续 20 年久久为功，葡萄种植面积从最初的 10 亩扩大到现在的 320 亩，从只有本村种植发展到辐射带动周边村种植近 3 000 亩，从农民群众收入在贫困线徘徊到年人均纯收入增加至 3 万元，不仅摘掉了"穷帽子"，还成为带动周边贫困户脱贫奔康的"葡萄村"。

（二）打好"科技牌"

提升科技含量，是推动葡萄产业健康发展的有力保障。毛竹山村在发展葡萄产业的过程中，十分重视学习和推广现代葡萄种植技术，从最初的"出门取经"，到后来的"请师上门"，再到"自成土专家"，毛竹山村村民对葡萄种植技术的掌握越来越熟练。2015 年，在村党小组的带领下，针对葡萄连片种植面积大、种植技术需求高、管护要求高等产业特点，毛竹山村与周边村庄的葡萄种植户联合成立才湾镇葡萄种植协会，通过协会组织的方式，积极开展技术培训和结对帮扶，大力推行"党小组＋理事会＋基地＋农户"的模式，统一推广先进种植技术和适应当地气候、土壤条件的优良葡萄品种，抱团发展生产、共同应对市场，示范带动周边乡村发展葡萄产业2万多亩，推动葡萄种植向组织化、科技化、产业化发展。与此同时，当地的党委、政府着力打好葡萄产业"科技牌"，不断提升葡萄鲜果品质，通过聘请国家级葡萄专家进行专场技术培训指导，联系市农科院专业技术人员长期对口指导，推广应用葡萄优质高效栽培和"葡萄一年两收"等先进技术，免费赠送优良葡萄种苗等多渠道、多手段推进葡萄产业高效优质发展。

（三）建美"葡萄村"

毛竹山村背靠青山，绿水环绕，生态环境优美。党的十八大以来，毛竹山村坚持"绿水青山就是金山银山"的发展理念，聚力打造山清水秀、美丽宜居的新农村。在提升人居环境上，毛竹山村根据整体规划，以政府补贴和村民自筹的方式，对村容村貌进行了总体提升改造，共建设桂北特色楼房24座，建成进村道路3.5公里和环村道路0.75公里，水、电、网等基础设施进一步完善，房前屋后的小菜园、小花园错落有致，新建落成党群活动中心、文化广场、停车场等一批公共设施，形成古酸枣树、毛竹绿道、桂花步道等农旅结合新景观，村内环境实现硬化绿化美化亮化。在践行绿色发展上，毛竹山村延承祖辈传统，坚持维护山林，近年共营林造林430亩。村民们在发展葡萄产业时，坚持不破坏生态资源，不过度使用农药化肥，通过使用绿色生产技术和生产方式提高产业效益。在维护人居环境上，毛竹山村制定实施"村规民约十条"，禁止乱砍树木、乱建房子、乱排污水；实行党员包干责任制，围绕"三清三拆"工作，明确宣传动员、矛盾协调、环境整治、监督维护等基本职责；落实门前"三包"制度，确保每家每户周边环境的绿化、卫生和秩序得到有效维护。

（四）走上"旅游路"

毛竹山村所在的全州县是桂林全域旅游 8 条精品线路中湘江红色旅游精品路线的主要目的地。近年来，全州县以全域旅游建设为契机，引进社会资本 60 余亿元，实施重点旅游项目 20 余个，特别围绕红色旅游资源进行了整体打包提升。而毛竹山村毗邻"红军长征湘江战役"主战场——脚山铺，距离红军长征湘江战役纪念馆仅十分钟车程。2021 年 4 月 25 日习近平总书记视察毛竹山村后，这个过去鲜为人知的小山村更是成为人们红色旅游必至的打卡地。在高质量发展好葡萄产业和打造好村内景观的基础上，毛竹山村抓住旅游经济热点，积极发展葡萄采摘体验、农家乐和农业观光旅游。习近平总书记曾到访的村民王德利家，是游客进村必到之处，遇到有人想坐在沙发上拍照时，王德利总是十分热情地提供便利。他利用自家空间搞起农家乐，售卖自家做的剁辣椒、红薯干、袋装红油米粉、禾花鱼等桂北土特产，以供游客选购。毛竹山村还注册申请了"毛竹山农产品"区域公用品牌，大力发展电商，葡萄产业的产加销进一步推进，乡村产业的农文旅走向融合。2021 年以来，毛竹山村已累计接待游客 30 万人次左右，带动村民人均增收 1 万元。为发展好旅游业，全州县还在毛竹山村规划建设民俗风情体验区、生态风光体验区、幸福葡萄园区，计划进一步完善道路、游客中心、停车场等基础设施，毛竹山村的"旅游路"正越走越宽广。

（五）树立"新乡风"

为破除陈规陋习，提升乡村精神文明风貌，毛竹山村大力推进移风易俗，积极培育文明乡风、良好家风、淳朴民风，促进乡村文化振兴。毛竹山村积极开展贴近生活、广泛普惠、切实有效的文化实践活动，充分利用村文化广场宣传阵地，建立道德讲堂、移风易俗讲堂，开展微型党课进礼堂活动，创新使用小品、歌舞和戏曲等群众喜闻乐见的形式宣讲习近平新时代中国特色社会主义思想，跟紧跟进带领村民学习习近平总书记最新重要讲话精神，大力宣传党的最新政策和相关制度，组织村民以身边人讲身边事，学身边榜样，做文明村民。通过开展"道德模范""好家庭""好邻居""好婆婆""好媳妇"等评比活动，选树村民身边的榜样模范。常态化开展文化文艺活动。以村规民约的形式引导村民喜事新办、丧事简办。建立由党员群众组成的文明实践志愿服务队，定期开展志愿服务，推动毛竹山村精神文明建设健康发展。

三、经验启示

（一）立足资源禀赋，选准特色产业

产业选择是一个结合市场需求和本地条件动态调整的过程。毛竹山村在产业选择上并不是一帆风顺的。他们从调整传统的水稻种植，到试种柑橘失败，最终选择以葡萄作为支柱产业，经历了一个结合本村本地种植传统、气候资源禀赋、技术指导条件及品种适应性进行考量的过程。桂林市地处桂北葡萄传统产区，具有丰富的葡萄种植资源，具备适宜的生长环境条件，同时当地也积累了符合本地葡萄种植需求的成熟的种植管理技术经验。毛竹山村基于所在市县丰富的葡萄产业资源禀赋选准了特色产业，能够较好融入当地葡萄产业生产、技术支撑和供销体系，较快形成统一品种、统一技术、统一销售的产业发展模式，葡萄种植产业得以不断发展壮大，持续保持产业活力，较好实现了资源产业化和产业特色化。

（二）守护绿水青山，走绿色发展之路

毛竹山村始终坚持"绿水青山就是金山银山"理念，在这片红色的土地上大力发展绿色产业，不仅选择绿色、清洁的生产方式种植葡萄，有序合理扩大种植面积，还坚持守住生态底线，统筹山、水、林、田、土整体建设，久久为功植树造林，积极做好山林维护，切实做好村庄周边环境的清理和维护，以实际行动践行了"生态优势金不换"的共识，呵护了桂林山水这块甲天下的世界瑰宝。毛竹山村在深入贯彻新发展理念中开辟新路径，走出符合自身实际的"小产品大产业"高质量发展之路。

（三）突出农民主体，抱团融入市场

毛竹山村调整产业结构，通过发展葡萄产业谋求新发展路子的想法和行动，起步于几名敢闯敢干的村民的自发尝试，壮大于村民的主动参与和共同发展。为保障产业健康有序发展，毛竹山村还组织成立了葡萄种植协会，这同样源自村民的共同商讨和决定，依赖于村民自身运作并发挥统筹管理和协调推进的作用。在毛竹山村葡萄产业成长的全过程中，农民始终都发挥了主体作用，体现了自身发展产业的主动意愿和积极的内生动力。村民通过葡萄种植协会推进葡萄产业发展，实现了葡萄从种植到销售的统一管理和统一标准，做到了小农户与农业现代化的有机衔接。毛竹山村小葡萄能够发展成大产业，最根本就是突出了农民主体作用，让农民真正参与到产业发展之中，增强产业发展的生命力。

（四）健全发展体系，强化产业支撑

毛竹山村在发展葡萄产业过程中注重将种植农户组织起来，通

过葡萄种植协会，建立起本村以及周边村庄种植户之间的紧密联系，形成统一的组织模式，有效推动了葡萄产业的组织化。注重引入和强化科技对葡萄产业的支撑则是毛竹山村葡萄产业得以发展壮大的另一个关键，毛竹山村不仅注重运用先进的种植技术开展葡萄种植，也注重适时更新葡萄的品种，构建起稳固的葡萄产业科技支撑体系。毛竹山村小葡萄能够发展成大产业，很重要的一个因素就是构建了健全的组织化、科技化、产业化发展体系，为特色产业不断发展提供有力支撑。

浩坤村：党旗领航走出的乡村振兴生动实践

  凌云县伶站瑶族乡浩坤村地处滇桂黔石漠化片区，距百色市区53公里，距凌云县城30公里，世居壮、瑶两个民族，是"十三五"时期深度贫困村、自治区一类贫困村。自脱贫攻坚战打响以来，在自治区党委组织部的联系帮扶下，该村强化党建引领作用，打造浩坤湖景区发展旅游产业，以旅带农、以旅兴农，全面激发乡村活力，奏响了一部荡气回肠的乡村振兴奋进曲，成为大石山区打赢脱贫攻坚战和全面推进乡村振兴的先进典型。

一、从"猪笼洞村"到"网红村"的完美逆袭

  过去的浩坤村被大山重重封锁，村民靠种玉米维生，住着低矮的茅草棚。浩坤村不仅地势低洼易涝，大山还阻隔了村子与外界的联系，村民外出的唯一通道是"猪笼洞"——一个坡度超过80度、近乎垂直的坑洞，木架扶梯近百米高。由于"猪笼洞"的梯子太难爬，在村里有"走出猪笼，我便成龙"的俗语。从村里到乡里，要翻山越岭地走上5个多小时。这个落后、封闭、穷困的小山村，面临着出行难、就业难、读书难、饮水难、住房难等五大难题，甚至村民娶媳妇都难，小小的村庄有二三十个光棍汉。2003年，当地

党委政府打通了一条通村隧道，浩坤村终于打开了山门，爬行过"猪笼洞"成为历史。但由于村里的脱贫产业基础弱，当地老百姓依然难以摆脱贫困。2018 年，全村 8 个屯 10 个村民小组，共 438 户 1 969 人，其中有建档立卡贫困户 197 户 931 人，贫困发生率 47.3%。

脱贫攻坚期间，自治区党委组织部联系帮扶浩坤村，选派精兵强将担任驻村第一书记，从抓党组织建设入手，不断提高党组织带富引富能力，打造了"党建＋旅游"扶贫模式，带领浩坤村走上发展旅游产业的振兴之路。吃上"旅游饭"的村民快速脱贫，2020 年所有建档立卡贫困村、贫困户全部脱贫出列，顺利实现与全区全国同步全面建成小康社会。如今的浩坤村，道路宽敞整洁，路灯整齐排列，楼房错落有致，客栈特色鲜明，两岸山奇崖秀，湖心岛渚星罗，碧波荡漾、水天一色，犹如一幅山水人居画卷，令人心驰神往。昔日"猪笼洞村"逆袭成旅游"网红村"，慕名前来的游客络绎不绝，"五一""国庆"等小长假，最高日均接待游客超过 1 万人次，浩坤村的美景和美食火爆微信朋友圈，第十届"中国·百色国际山地户外运动挑战赛"的重要赛段设在该村。实现美丽转身的浩坤村先后荣获中国少数民族特色村寨、国家 AAAA 级旅游景区、全国乡村旅游重点村、自治区先进基层党组织、全区脱贫攻坚先进集体等荣誉。

二、"党建领航"赋能乡村振兴的生动实践

浩坤村基础设施落后，产业基础薄弱，被列入"十三五"时期深度贫困村，脱贫攻坚难度非常大。浩坤村紧扣抓党建促脱贫攻坚这条主轴，通过党组织的精心筹划和党员的示范带动，迎难而上、

闯出新路，成功啃下了这块"硬骨头"。

（一）选准方向，党建领航产业振兴

有产才能富民，有业才能兴家。产业扶贫是脱贫攻坚的主战场，也是乡村振兴发展的关键环节。浩坤村长期深度贫困的原因在于缺乏带动农民脱贫致富的产业。浩坤村党支部抓住凌云县建设浩坤湖国家湿地公园的契机，依托浩坤湖风光秀美的资源优势，将发展旅游产业作为脱贫攻坚的突破口，做好旅游脱贫这篇文章。在组织建设上，浩坤村党支部强化自身建设，选配了年富力强、敢做善成的"两委"班子，根据旅游产业发展的需要，打造坚强的战斗堡垒。在项目推进上，通过党员示范带动村民一起干，快速有效地推进工作方案实施。在党组织带领下，浩坤村全面推进基础设施建设，全村8个自然屯均修通进户水泥路，8个自然屯全部安装太阳能路灯，4个人口居住集中的自然屯完成乡土风貌改造，村容村貌发生了翻天覆地的变化。浩坤村大力发展农家乐、民宿等特色产业，全力打造乡村旅游品牌，兴建农家乐、客栈、民宿等40多家。村民深度参与景区项目建设，在景区内从事游船驾驶、保洁、安保等工作，或在景区湿地商业街经营农副土特产品和旅游商品等，有效拓宽了增收渠道。在此基础上，村党支部大力推进农业与旅游的深度融合，带动村民种桑养蚕，发展毛葡萄、火龙果、芭蕉、土猪、渔业等特色产业，进一步优化浩坤村农业产业结构，使浩坤一湾清澈湖水养活带富一方人。

（二）建活机制，党建拉动发展引擎

旅游产业之于浩坤村，是从零开始的全新探索，能够实现从无到有、农旅融合的突破，离不开党支部的引领带动。浩坤村按照以旅兴村、绿色发展的思路，以扩大旅游收益为导向，不断提高党组织带富能力，建立机制、用活载体，推动村集体经济发展和村民增收致富，点燃了发展的新引擎。建立村党支部与景区运营单位、村民三方协调机制，成功争取景区每年拿出门票收入的 1% 作为村集体经济收入，10% 给予村民分红，为集体增收和村民致富打下基础。建立党员示范带富机制，党员带头经营民宿，带头组织务工就业，带动村民发展民宿、经营便民商店或到景区务工，多渠道促农增收。建立"村集体＋合作社＋产业＋农户"经营模式，成立旅游产业、生态养鱼合作社，通过支部引领，以公司出资、合作社管理、农户入股等方式，盘活集体资产资金，开展集体资产出租、毛葡萄种植、油茶种植等多元化经营方式，发展壮大村集体经济，推进村集体经济由输血型向造血型转变。目前，浩坤村和村民的收入来源主要有旅游门票收入、景区就业收入、资源租赁收入、特色产业收入、生态养鱼分红、库区补偿收入等。2020 年，实现村集体经济年收入 20.36 万元、村民人均纯收入 8 500 多元。

（三）优化管理，党建推动乡村善治

在推进产业兴旺、生态宜居、生活富裕乡村建设的同时，浩坤村坚持党建引领，以自治为基、法治为本、德治为先、智治为辅，不断完善党建引领基层治理机制，着力构建现代化乡村治理体系，切实提高村屯治理效能，以"四治融合"助推乡村振兴，将浩坤村打造成平安和谐稳定的善治之村，切实提升了村民的参与感、获得感、幸福感、安全感。建立"党建引领＋网格化管理"治理模式，以自然屯为基础划分 8 个网格，把党小组建在网格上、把党员下沉到网格中，实现党员全覆盖联系农户，充分发挥党员先锋模范作用，为村民提供了更加精准、综合、优质化的服务，织密了"党群感情网"。推行"党支部＋群团组织"服务模式，引领经联社、团支部、妇联等各类组织有序参与村屯治理、服务旅游环境建设，形成多方联动工作体系，形成共建共享共治格局。推进基层治理信息化管理，构建完善"数字乡村系统"，科技赋能乡村治理，提高管理服务响应能力，为村民和游客提供细致周到的服务。搭建"党建引领＋群众自治"乡村治理平台，完善自治机制，村党支部牵头修订村规民约，组建红白理事会、道德评议会、村民议事会和禁毒禁赌会，发挥"一约四会"自治力量，引导村民加强自治，营造宜居宜游的社会环境。

三、浩坤村推进乡村振兴的经验启示

浩坤村激活党建"红色引擎"，筑牢乡村振兴之"基"；贯彻绿色发展的理念，充盈乡村产业之"实"；把握立根铸魂的要义，铸牢乡风文明之"实"，走出强堡垒、兴产业、善治理"三位一体"抓党建引领乡村振兴的新路子，成为脱贫攻坚和全面推进乡村振兴的典型示范。

（一）培育乡村振兴的"领头雁"

党建强，发展才有凝聚力。浩坤村注重加强村级党支部建设，突出"领头雁"的作用，把党支部打造成乡村振兴的战斗堡垒，为乡村振兴注入强大动力。在选优配强"两委"班子上出新招，通过职业化招聘方式配备具有大学学历的"80后"支部书记，将6名致富带头人充实到"两委"班子中，推动"两委"班子年轻化，新班子平均年龄比上一届下降6.7岁，解决了"两委"班子结构不合理、不适应旅游发展要求的问题，有效提升了班子的战斗力。在提升党员素质能力上下功夫，着力抓好教育培训，认真开展党员学习教育活动，每季度利用浩坤村史馆、"猪笼洞"艰苦奋斗教育基地、棕榈洞誓言广场开展主题教学，每年组织党员到外地红色教育基地、乡村旅游示范点学习，强化党性意识，提高发展本领。在提升党组织力上亮抓手，注重拓展党组织"星级化"管理，组织实施"脱贫攻坚先锋行"活动，组织党员"做给群众看，带着群众干"，全面增强脱贫攻坚的带动力。紧扣旅游发展开展"一岗三亮"活动，设置旅游产业岗、游客服务岗、村屯治理岗、环境卫生岗等4类"文秀先锋岗"，组织36名党员对应认领4类岗位，实行党员亮身份、亮承诺、亮业绩，充分发挥党员先锋模范作用。在"头雁"队伍的带领下，浩坤村迈开了脱贫奔康的大步伐，走上乡村振兴的康庄大道。

（二）用好绿水青山的"金招牌"

浩坤村的"美丽转身"走的是绿色发展之路，是"绿水青山就是金山银山"的生动诠释。浩坤村位于大石山区，土地少而贫瘠，农业基础薄弱，农业产业发展空间不大。浩坤村党支部主动调整定位，在"特"字上做文章，以浩坤湖烟波浩渺、群山环抱这一得天独厚的奇美景观资源为依托，跳出"小农"思维，着眼于特色的挖掘，将产业定位投向了"旅"，在2018年提出"建强一个班子带动一方群众，借助一湾湖水带富一方百姓"的发展思路，大力发展旅游产业。浩坤村在发展旅游产业的过程中，始终坚持绿色、生态的发展理念，用好绿水青山的"活水"。打造了鱼仙亭、对弈峰、风雨廊桥等与绿水青山匹配的旅游景观，完善环景区二级路、沿湖栈道、骑行绿道、旅游码头、游客服务中心、观景台亭等基础设施，变河道为栈道、变田园为公园、变山区为景区，整体提升了景区环境；通过开办与山水融为一体的特色民宿，立足资源禀赋开办农家乐，把本地土特产、民族手工艺品做成旅游产品，利用湖水资源发展生态休闲渔业等途径，浩坤村村民在家门口实现了就业，吃上了"旅游饭"，不少原来外出务工的村民也纷纷返乡创业。浩坤村将得天独厚的"绿水青山"变现为富民强村的"金山银山"，正逐步发展成集休闲度假、影视拍摄基地、自驾游、民族风情体验于一体的旅游特色名村。

（三）深耕立根铸魂的"文化田"

文化振兴是乡村振兴的灵魂，乡土文化建设是乡村振兴的铸魂工程。浩坤村坚持乡土文化建设与旅游主导产业发展同步推进，深耕立根铸魂的"文化田"，推动自身朝着产业兴旺、生态宜居、乡风文明、治理有效的目标迈进。在弘扬传承中华优秀传统文化上，为了教育世人忆苦思甜，浩坤村把"猪笼洞"改成艰苦奋斗教育基地，接待干部培训体验学习。"猪笼洞"还被设计为户外挑战赛赛段，运动员在经受险峻考验的同时，还能切身感受打赢脱贫攻坚战的艰苦与不易。浩坤村史馆、棕榈洞誓言广场的建成，进一步丰富了浩坤村红色教育资源。在普及文化教育上，从改变村民教育观念入手，确保每个孩子能上学、有书读。新建弄新小学，配齐图书馆、电脑室、体育室等设施设备，实现小学现代化教育，辍学率从5％降低为零，形成了教育培根的良好局面。在传承乡村手艺上，村党支部开办精准扶贫大讲堂，面向村民开展建筑、厨艺、手工艺制作、刺绣、民族服饰制作等技能培训。共举办大讲堂100多场，培训群众5 000多人次。在推动乡村治理上，坚持农民主体原则，修订村规民约，培育文明乡风、优良家风、淳朴民风，改善村民精神风貌，提高乡村社会文明程度，为浩坤村推进乡村振兴注入了强大精神力量。

北泗村：新时代乡风文明助推乡村振兴

广西来宾市合山市北泗镇北泗村位于北泗镇中心，下辖 7 个自然屯，15 个村民小组，3 140 人。这里自然条件恶劣，曾被称为无集体资金、无致富产业、无带头能人的"三无村"。近年来，北泗村以党建为引领，以乡贤群体建设和传统乡贤文化挖掘为抓手，聚力富民产业，打造文明乡风，先后获得自治区卫生村、自治区级生态村、全区无邪教创建"三十百千工程"无邪教村等荣誉称号。从"三无村"到"明星村"，北泗村走出了一条乡风文明铸魂的乡村振兴新路径。

一、开办村企，"小杠杆"带来"大转变"

产业振兴是构建文明乡风的物质保障，北泗村坚持把发展产业作为"先手棋"，着力推动村集体产业由单一向复合转变，由短链发展向全链发展转变。2020 年 7 月，在北泗镇党委、政府的指导下，北泗村与另外四个村集体联合成立了合山市首家"村投公司"——广西来宾泗滨农业发展有限公司，以村集体经济产业园为平台，探索实施"联营村企"机制，以此撬动村集体产业实现"集体有产业，能人有事业，群众有就业"的"三有"效益。**一方面，**

专业的事交给专业的人来做。传统村集体经济发展模式中，村集体合作社作为经营主体，需要频繁启动"四议两公开"程序，行政化程度严重，决策效率低，决策成本高，决策方案保守，难以应对瞬息万变的市场经济，不利于自主开发和经营经济项目。村党组织书记、村民委员会主任受限于繁重的村级党务、村务工作，很难腾出精力抓好集体经济工作。因此，北泗村通过合作开办村企，把所有权和经营权分离，将经营权交给职业经理人团队，从本土经济能人、退位村干部等群体中选聘"村投公司"全职经理，打造一支讲政治、懂技术、会经营、善管理的本土职业经理人团队，让专业人做专业事，为发展壮大村集体经济提供更加科学的制度保障，创造性破解传统村集体经济组织"四议两公开"决策效率较低、"支书领办项目"市场能力较弱等现实困境。**另一方面，市场的事主动参与。**"村投企业"积极参与北泗镇扶贫产业园（村集体经济产业园）建设。项目将分期打造千亩产业核心示范区，规划花卉苗木种植区、特色农产品种植区、特色养殖区、农产品加工区、休闲餐饮区等五大功能板块。其中，北泗村的富硒葛根全产业链基地于2020年8月开始建设，共引导150户村民以土地入股、出租等方式向村集体流转土地，整合连片500亩土地，群众获土地流转收益约110万元；项目增加就业岗位40个，村民获工资性收益约50万元，村民在家门口实现就业，有力促进群众持续增收。

二、群策群力，"小组织"汇聚"大力量"

有效治理是构建文明乡风的服务平台，北泗村积极构建村、小组两级联动机制，通过引导村民参与和倡导乡贤支持等方式，着力打造新时代文明实践阵地。经过多方摸底调查，北泗村聘请村内有威望、有学识、有干劲的党员群众骨干成立了乡村振兴工作站、乡村振兴示范引领屯工作服务站、乡村建设理事会、乡贤联谊会、志愿帮联协会等"两站三会"组织，并颁发乡村振兴指导员与乡村建设理事会、新乡贤联谊会、志愿帮联协会成员聘书。"两站三会"作为联系村干部和群众之间的桥梁纽带，是基层干部的有效补充和得力帮手，在村（社区）党组织的领导下，"两站三会"发挥着"连心桥""智囊团""宣传员""助推器"的作用。通过"两站三会"对红白事大操大办、不赡养老人等现象进行治理，通过教育、规劝、奖惩等措施，有效提升了农村基层社会治理水平和乡村社会文明程度。把社会主义核心价值观融入村规民约，成立道德评议会、村民议事会和禁毒禁赌会，研究制定有关规章制度、管理办法和惩戒措施等，积极引导村民破除陈规陋习，使村民内心有尺度、行为有准则，涵养清朗乡风。

三、以"行"促讲，"小积分"彰显"大文明"

行为文明是乡风文明的重要标志，北泗村通过组织志愿服务队，采取积分管理制度，汇聚乡贤之力，引领乡风文明。北泗村组建的志愿服务队分别为乡贤志愿服务队、书法志愿服务队、文艺志愿服务队和党群志愿服务队，召集志愿者200多名，采取村民和村委"点单"、网格员"寻单"、志愿者"接单"的方式，依托微心愿墙，及时将"乡村风貌提升"环境整治志愿服务项目、关爱老人志愿服务项目、关爱未成年人志愿服务项目、政策宣讲志愿服务项目等送上门，成为乡风文明建设的"主力军"。积分管理面向全体村民，具体为"一则、一册、一站、一榜"的"四个一"管理制度。"一则"即实践积分管理细则，在党员群众积极配合党委、政府开展中心工作，主动清扫房前屋后垃圾，参与村屯卫生打扫，自觉遵守村规民约，积极参加志愿服务活动等方面给予相应积分，细化分值，让积分有据可依。"一册"即实践积分手册，以户为单位，经审核公示无误后，将各家庭成员登记入册，形成积分管理台账，让积分有证可查。"一站"为实践积分驿站，实践站通过乡贤捐款、爱心企业捐赠等渠道筹措资金，村民积分达到一定分值后可在积分驿站兑换物品或服务。通过驿站"充能"，激发村民参与产业振兴、乡风文明建设、乡村风貌提升等活动的内生动力，群众在乡村振兴道路上充好电、不落伍。"一榜"为善行义举榜，将积分情况作为善行义举榜的重要参考，把积极参与活动的"积分大户"或者事迹突出的村民破格纳入榜中，让积分高者有誉可获。有了"四个一"制度作为保障，"干部带头、党员主动、群众自觉"的良好局面逐步形成，干群活力得到有效激发。

四、引聚乡贤，"小课堂"承载"大宣传"

发展新文化是构建文明乡风的精神根基。北泗村素有"墨香故里"美称，建立新时代文明实践站后，该村充分发挥乡贤人才优势和传统民俗文化优势，探索乡贤大讲堂"4＋1"宣讲模式，即：学一段总书记讲话、听一堂文明主题课、讲一个乡贤故事、唱一首红歌，以及结合传统节日开展"我们的节日"系列活动。以乡贤为关键点，广泛培育文明乡风，赋能乡村振兴建设。一是成立北泗村书法协会。多年来，该协会坚持用艺术形式弘扬新时代文明实践精神，通过挥毫泼墨、墙绘彩印，在村内广泛宣传习近平总书记重要讲话精神，讴歌好政策、唱响发展曲。开展"涵养书法文化，大手握小手"活动，利用农家图书角免费为中小学生和返乡青年提供书法培训，提高村内学生和青年群众"学书法、爱书法"的热情。二是定期开展宣讲活动。定期组织北泗村"墨香故里，赋能乡村振兴"活动，鼓励村内乡贤以故里为课堂，讲述"感党恩，跟党走"党史革命故事、"我家小故事"等，结合实际开展具有自身特色的科学普及活动。通过浅显易懂的语言，传播和褒扬生活中的好事，让村民知晓乡村文化精神建设的重要性，明白"绵薄之力"也可为乡村振兴添砖加瓦。三是传唱经典。乡贤大讲堂坚持"每周一唱""先唱再讲"，通过传唱红色经典歌曲，铭记百年党史历程，广泛弘扬和宣传舍"小家"为"大家"的革命情怀，鼓励村内党员群众立足发展新阶段、抢抓发展新机遇、共推北泗新发展。

五、北泗模式带来的经验和启示

在全面推进实施乡村振兴战略的背景下，把乡风文明做"精"、做"活"、做"实"，使乡风文明真正成为破解"三农"问题的"金钥匙"、实施乡村振兴战略的"助推剂"、提升地域文化软实力的"发动机"，北泗村的实践探索具有重要现实意义和实践价值。

一是以社会主义核心价值观引领乡风文明建设。社会主义核心价值观是当代中国精神的集中体现，是全体人民团结奋斗的共同思想道德基础。在乡村文化建设过程中要把社会主义核心价值观作为普遍要求，自觉坚持以社会主义核心价值观为引领，发挥其凝魂定向的引领作用。培育文明乡风，要用好新时代文明实践所等大众平台和宣讲阵地，结合传统讲授法、面对面交流法等，以不同语言，分时、分众、分类，全覆盖常态化高质量开展习近平新时代中国特色社会主义思想宣讲，让党的创新理论"飞入寻常百姓家"，并做到学以致用，真正把科学理论转化为培育文明乡风的思路举措。

二是传承发扬优秀传统文化，涵养文明乡风。培育文明乡风，要突出乡土民俗，注重挖掘、提升乡村优秀传统文化的价值，与精神文明创建活动相结合，大力倡导勤劳敬业、孝亲敬老、互助合作、亲邻友善等乡村传统美德，将群众身边的仁人善举树立为模范典型，发挥榜样带动作用，使向上向善蔚然成风。把挖掘整理保护乡村文化资源与激发创造活力相结合。对世代传承下来的家风家训、乡规民约、民风民俗、戏曲曲艺、乡贤等文化，通过创造性转化、创新性发展，使其"活"起来，更好地发挥教化民众、凝聚民心、温润人心的作用，提高人们的思想道德水平，增强群众的文化自信和精神力量，为乡村振兴提供精神支撑。

三是以繁荣乡村文化培育文明乡风。繁荣发展乡村文化，必须坚持让农民成为乡村文化发展的主体和内因，动员和激发群众的主动性和创造性，在休闲娱乐中穿插理论、政策宣讲，解决农民的愁心事、烦心事，既丰富农民精神文化生活，也推动农民养成良好的学习娱乐习惯；举行以摒弃陋习、倡导文明行为等为内容的"移风易俗树新风"活动，开展以评选"先进道德模范"为代表的精神文明创建活动。积极引导农民种好乡村文化的"责任田"，踊跃参与到乡风文明建设的实践中来，在日常活动中提升农民的素质和乡村文明程度，使乡风文明提升至新境界。

四是挖掘整合乡贤文化支撑文明乡风。乡贤的地域在乡，核心是贤，培育乡贤文化土壤是活态传承乡贤文化的关键。一方面要立足农村现状，明确乡贤标准，开展乡愁资料征集，发掘留在农村的各种"能人"，包括农村优秀基层干部、道德模范、"身边好人"等先进典型，这些"能人"工作生活在农村，更易于为村民们所接受和效法，是新乡贤的主体。另一方面要通过建立有效的激励机制、推进乡村两级乡贤规范化建设、建立"线上线下"服务平台等方式，鼓励有能力、讲奉献的企业家、技术人才、创业能手等新乡贤参与农业现代化和新农村建设，实现资金回流、企业回迁、信息回传、人才回乡。积极探索"村两委＋乡贤""新乡贤＋"的工作思路。把有能力、有见识的乡贤纳入乡贤参事会、村民议事会、乡风评议会等组织，鼓励和支持优秀乡贤参与乡村重大发展决策，拓宽乡贤参政议政渠道，积极发挥乡贤在树民风、解矛盾、献良策、治乡村等方面的重要作用，探索建立支部引领、村民自治、新乡贤参与的社会治理新模式，有效提升农村基层治理水平。

卖酒村：科技引领乡村产业特色振兴的实践探索

　　卖酒村地处兴业县卖酒镇，距离玉林市区以北约 16 公里。"十三五"时期开展贫困户建档立卡工作时，全村 1 213 户、4 049 人，贫困人口就有 607 人，村民主要收入来源为炮筒加工、家禽散养、外出务工。脱贫攻坚战打响前，该村当时的主要产业引发了系列问题和矛盾：一是炮筒加工产业破坏了资源环境，对该村周边生态环境保护和可持续发展不利；二是家禽散养导致该村卫生安全问题突出，村民居住环境较差；三是大量青壮年外出务工导致村庄空心化，人才流失、留守儿童、留守老人问题突出；四是农业种植和农业生产没有得到足够的重视，土地资源没有得到充分利用。脱贫攻坚战打响后，卖酒村转变发展思路，依靠科技引领，大力发展扶贫特色产业，实现了整村脱贫。进入巩固脱贫攻坚同乡村振兴有效衔接新阶段后，卖酒村进一步突出科技要素，着力做好产业发展大文章，成为科技引领乡村产业特色振兴的发展典型。

一、打通关键，以科技引领贫困村走上振兴路

（一）打通思想的"堵点"，引领发展观念从"行不通"到"敢闯敢干"的转变

　　思想问题是解决一切问题的根源，引领贫困村走上振兴路，根

本在于转变发展观念。受传统观念和现实条件影响，卖酒村村民普遍认为农业是不赚钱的产业，而依靠自身力量发展现代化农业是不切实际的，依靠现代农业科技发展农业、提高生活水平也是"行不通"的。为解决村民思想观念问题，该村干部及农业科技人员制定了"组合拳"，重点打通村民的思想"堵点"，激发他们愿干、乐干、敢干的内生动力。

1. 走访建册，分类摸清思想问题。 在摸清卖酒村发展产业的问题症结后，该村组建了由村委、驻村干部、相关科技人员构成的产业工作小组，走村入户，与村民深入沟通交流，了解他们对于发展农业产业的观点和看法，按照发展忧虑类（如愁没有技术、不懂科技）、发展悲观类（如认为农业发展不赚钱、没有前景等）对村民进行分类建档。

2. 对症下药，精准疏通思想"堵点"。 根据村民思想观念走访调研结果，工作小组对存在发展观念问题的农户开展有针对性的思想工作。针对发展忧虑类农户，通过组织现场培训会、发放宣讲材料等方式，普及最新农业科技成果，并承诺能够提供的发展产业相应的技术支撑，打消发展顾虑。针对发展悲观类农户，则通过外出参观、案例宣讲等方式，向他们展示现代农业的广阔发展天地和农村的无限美好未来，增强农户对"三农"的认同感，坚定推进乡村振兴的信心。

3. 树榜宣传，发展实例鼓舞实干。 思想问题解决后，卖酒村积极推动农户从"想"到"干"。在各级党委、政府的关心支持下，依托自治区农科院的技术优势，通过发挥干部、党员的先锋模范作用进行特色作物示范种植，向村民展示了看得见、摸得着的产业发展成果。村民看到示范成功所获得的实际收益后，逐渐转变观念，从保守观望"先看看"转变成大胆投入"跟着干"。

（二）打通技术的"难点"，引领农业产业从"有"到"优"的升级

科技助力乡村产业发展的关键在于紧扣产业发展需求，切实解决当地特色产业发展面临的优良品种、适用技术和田间管护问题。卖酒村与自治区农科院建立了对口帮扶联系，采用"订单式"科技服务模式，推动卖酒村特色产业快速发展。

1. 前端：推广先进实用技术。 卖酒村着力打造以现代科技为核心的产业发展模式。一是测土地，邀请农业专家深入田间地头，科学测量、分析和评估土地，得出全面的土壤数据；二是选良种，在土壤检测数据的基础上，根据农业专家的建议选种适宜当地土壤状况、地理环境的作物品种，最大限度发挥当地土地资源优势；三是输技术，依托科技特派员队伍，全程监测作物生长，为村民提供田间水肥管理及栽培良法等实用的技术支持；四是重创新，依托自治区农科院，持续就卖酒村农业产业发展过程中出现的新情况、新问题开展技术创新研究，积极探索解决办法并推广到实际生产中。

2. 中端：建立以科技为纽带的农业产业化联合体。 科技在乡村产业发展中发挥作用的关键在于把"有技术"和"需要技术"的两个主体对接起来，并形成良性互动机制。卖酒村通过对口帮扶、支部联建等活动载体，建立起联结科研单位、农业企业、村屯和小农户的科技产业联合体。在联合体模式下，科研单位、农业企业、农户能够直接交流，科研单位和企业的先进技术可直接用于农业生产，农户在农业生产过程中遇到的问题则能够得到及时反馈解决。该模式既有利于科研单位新技术的推广应用，又有利于解决农业生产中的实际问题，还有助于协同沟通，加快生产

技术的更新迭代。

3. 后端：科技赋能新业态。卖酒村创新采用"智慧农业＋农村电商"模式，借助现代科技手段完成农作物的种植、管理、采收、加工等，打造更加适合网络销售的产品，然后通过淘宝、微信商城等电子平台，直接向更加广阔的市场销售农产品及加工品。产品从种植到加工、包装、销售各环节，农户都能自主完成，从全产业链中获取利润，实现增收。

（三）打通人才的"痛点"，引导小农户从"靠别人"到"自己干"的成长

农民是实现乡村振兴的主体，让农民肯干、能干、干得好，农村的发展才具备可持续性。为解决卖酒村的人才"痛点"，村委干部多渠道培养高素质农民，提升小农户生产经营水平，使小农户符合现代农业发展的要求。

1. 请专家下乡。针对当前乡村发展面临的科学人才、专业人才匮乏问题，卖酒村多次邀请自治区农科院专家到村田间地头，现场为农户讲解、演示和指导，传授农户科学种养知识，提升农户科学种养技能。

2. 送农户培训。针对村民无渠道学技术问题，卖酒村通过以下三种方式满足农户的科技需求：一是技术需求在驻村科技人员专业领域内的，由驻村科技人员组织开展培训；二是针对其他领域的技术需求，由村里不定期组织农户前往周边村镇举办的技能培训班参加培训；三是帮助农户申请学习补贴，推荐和带领农户到相关农业学校接受技能培训。

3. 让能人带头。能人是推动科技助力产业发展的"关键少数"。能人的成功示范是农户利用科技发展产业的动力源泉，在日

常生产过程中，要发挥能人既掌握实用种养技术，又常驻村里从事农业生产的"土专家"优势，鼓励发动他们手把手为农户传授技法，第一时间为村民答疑解惑。卖酒村组建了一批以村干部、党员为主的懂技术、有责任感、愿分享的能人队伍，鼓励带动全村农户投身科技农业，做新农人。

二、创新载体，让科技下沉生产一线激发新活力

（一）创新联建模式，激发主体活力

卖酒村通过与广西壮族自治区农业科学院院属基层党支部开展"支部联村企"系列活动，建立以党建为纽带的"三位一体"创新联建模式。

1. 激发村级党组织领头雁活力。乡村振兴离不开中国共产党的坚强领导。基层党组织联系群众最紧密、服务群众最直接。激活村级党组织活力，发挥好党员力量势在必行。卖酒村通过开展一系列"科技下乡""科技强农富农"党建联建活动，将乡村发展与党建工作相融合，创新组织生活的开展形式和内容，有效激发村级党组织在服务乡村科技发展中发挥战斗堡垒作用。

2. 激发帮扶企业带动发展活力。企业是社会中科技创新的中坚力量之一，让科技在乡村扎根离不开企业的助力。激发帮扶企业带动乡村科技发展的活力，需要给企业"助力"和"抓力"。卖酒村主动在推动企业助力乡村科技进步中寻找"双赢"点，抓住企业中的"关键少数"，充分激发企业中党组织、党员的力量，带动激发企业助力乡村科技发展活力。

3. 激发村民自身发展活力。一方面是依靠村基层党组织、党员带动；另一方面是依靠利益、收入推动。采用农业科技新成果、

新技术可以促进农民增产增收，对推广采用新技术新品种的农户进行表扬和奖励，也是推动农户投身乡村科技发展、激发村民发展科技内生动力的重要方法。

（二）搭建对接平台，激发要素活力

卖酒村通过搭建技术与农民、品种与地方、市场与产品的平台，不断尝试着更大限度释放各个发展要素的活力，优化农业科技创新发展环境。

1. 搭建技术与农民对接的平台。农民是农业科技的使用者和受益者，在技术和农民之间搭建沟通平台，有利于提升技术的适用性和针对性。卖酒村通过自治区农科院派驻的驻村干部、科技特派员搭建交流平台，柔性引进农科专家建设卖酒科技工作站，灵活扩充农业科技服务人才队伍，培育科技型农业企业家和职业农民，建设完善卖酒村科技人才队伍体系。

2. 搭建品种与地方对接的平台。优质的种质资源还需要适宜的种植生长环境，因地制宜才能最大限度发挥良种的优势。卖酒村通过自治区农科院积极与科研技术研发机构、技术推广部门寻求合作。根据卖酒镇的地理环境和耕作传统，研究选育甘蔗、木薯等作物新良种，不断推动作物品种和种植地域实际相适宜，打造优势特色产业。

3. 搭建市场与产品对接的平台。市场是衡量产品的标尺，产品只有进入市场才能产生经济效益、促进农户增收。卖酒村一方面借助农业全产业链企业，通过其对市场需求信息的把握来安排农业生产；另一方面借助农业专业合作社，将村内优势作物的产销集中于合作社，通过合作社产销一体化信息交流平台，打通产品与市场的流通环节。

（三）建设中试基地，激发产业活力

围绕激发产业活力，卖酒村联合自治区农科院深化科技帮扶、科技引领，在科研攻关上强化院村合作，推进产学研推一体化。一是大力支持学科带头、科技管理人才深入卖酒村建立农业科技园、农业科技示范基地，打造科技支撑产业发展的核心示范区；二是在卖酒村建设中试基地，在中试基地内直接孵化转化新品种、新技术，推动新品种、新技术从实验室走入大田间，为脱贫村产业注入更多科技示范的力量。

中试基地和科技支撑产业发展的核心示范区的建立和打造，为卖酒村输入了强劲的科技创新力量，有力推动了当地的产业升级。科技示范区和中试基地为当地的智慧农业发展奠定了坚实的科技基础，示范区和基地辐射带动建立的现代化农业产业园区为电子商务的蓬勃发展创造了条件，搭起了智慧农业和电子商务这两条农业发展"高速路"，让卖酒村的产业发展步入快车道。

三、经验与启示

（一）突出农民在乡村振兴中的主体作用是根本

人民群众是历史的创造者，实施乡村振兴战略，要注重调动农民的积极性、主动性、创造性，激发乡村发展的内在活力，注重提高乡村和村民自我发展能力。同时要充分尊重农民意愿，把维护农民根本利益、促进农民共同富裕作为出发点和落脚点，不断提升农民的获得感、幸福感、安全感。卖酒村推动发挥农民在乡村振兴中的主体作用的主要做法如下。

1. 探索建立突出农民在乡村振兴中主体作用的机制体系。要

突出农民的主体作用，就要激发村民乡村振兴主人翁意识，增强村民推动乡村振兴的行动自觉和思想自觉。卖酒村通过建立新型农业综合服务体；依托基层党组织培育培养一批能带富、善治理、口碑好的农村基层党组织带头人；探索建立卖酒村专业合作社、专业技术协会等多种工作机制，引导带动全村村民发展产业、参与村庄建设，为农民在乡村振兴中发挥主体作用提供了平台。

2. 提升村民参与乡村振兴的综合能力。 农民是乡村振兴的主力军，但目前农民的科学文化素养、经营管理能力等尚难以完全适应全面推进乡村振兴的要求。要广泛依靠农民、教育引导农民、组织带动农民投身乡村振兴、建设美好家园，还要大力提升农民的综合能力和素质，培养打造爱农业、懂技术、善经营的高素质农民队伍，增强乡村自我发展能力。卖酒村通过送教下乡、农村课堂、培训学校相结合的方式，积极普及推广科学技术知识，有效提升村民的综合能力，不断提升当地村民自我管理、自我服务、自我发展的能力和水平。

（二）推动科技贯穿特色农业发展的全环节是关键

创新是引领发展的第一动力，农业科技创新与进步是推动农业现代化的核心力量。卖酒村扭住科技创新这个"牛鼻子"，充分利用对口帮扶单位自治区农科院的科研优势，将科技贯穿到村庄产业发展全过程。

1. 推动科技研发贯穿特色产业发展全过程。 近年来，卖酒村配合自治区农科院推动特色产业发展核心关键技术、前沿技术、配套技术等在卖酒村落地实施，取得了较好成效。探索出一套推动科技研发贯穿特色产业发展全过程的技术攻关研发模式，即"农科院＋资深专家＋科技特派员＋驻村工作队员"四级技术攻关研发模式。

该模式自下而上，首先由驻村工作队员收集汇总当地特色产业发展需求，科技特派员实地指导、收集相关数据并向资深专家汇报，资深专家制定研发方案上报自治区农科院，协调组织院属有关科研部门和科技创新团队共同解决当地面临的产业技术难题。

2. 推动科技推广利用贯穿特色产业发展全过程。卖酒村与自治区农科院还共同探索形成了一套自上而下的技术推广模式，即"省级农科院＋地方农业服务机构＋农户"模式，将自治区农科院研发的新品种、新技术、新模式通过当地农业农村局、技术推广站、农业企业等农业机构推广融入卖酒村特色产业发展中。

（三）搭建科技进入农业农村的创新载体是抓手

新的品种、技术、模式研发出来以后，通过什么方式传递到农村中去、送到农户手中去是科技在推广中面临的最大问题。农业科技的传播需要考虑两端内容：一是科技推广人员传播渠道和载体；二是受众信息获取渠道和载体。农业科技推广传播的受众不仅有农民，还包括农业企业人员、农业机构工作人员等从事农业相关工作的人员。其受众构成多样，由于生活背景、文化传统、受教育程度的不同，对农业科技的接受程度和接受方式不一样，在推进科技进入农业农村时要对传播载体精斟细酌。

1. 创新利用互联网和新媒体。随着移动互联网技术和媒介技术的快速发展，"互联网＋"生活方式正在向社会的方方面面渗透，农业也不例外。农业科技进乡村要利用好互联网和新媒体，这也是发展智慧农业的现实需求。在卖酒村的实践中，通过网络系统和社交媒体以推送"文字＋图片"的方式向农业从业人员介绍新技术、新品种的特性及优缺点等知识，为他们是否选择采用新技术、新品种提供科学判断依据。通过社交媒体发送、村部播放视频的方式，向农民展示新技术的操作方式、新品种的种植方法等，辅助他们使用新技术和新品种。

2. 用好实地演示和示范。 农业科技在发展，推广科技的方式方法也在不断创新。在目前农村人口外流的环境背景下，许多留在农村从事农业生产的农民都是老人，对于新技术的获取渠道有限。因此在推动农业科技进乡村时，实地演示和示范依旧是重要的手段之一。用好实地演示和示范不能仅是停留在请资深专家和多请专家层面，更重要的是扩大实地演示示范的辐射带动面。卖酒村积极利用现代媒体技术，录制保存实地示范影像供当地村民多次反复学习，提高村民对新技术的掌握程度；并通过工作群等途径分享到各个屯、种植示范点负责干部手中，再由他们传送到需要的农户手中。